속이는
기술

생각 빼앗기

속이는 기술

박은협 지음 · 박해빈 그림

안타깝게도 어떤 사람들은
사실일 수도
거짓일 수도 있는 말에
너무 쉽게 생각을 빼앗기고
돈을 내어주는 경향이 있습니다

좋은땅

일러두기

이 책은 필자와 지인들의 경험을 바탕으로 짧은 주제들로 구성되었으며, 체험했던 스토리 속에는 약간의 픽션과 비현실적인 단어가 삽입되어 있다. 세상적인 지식을 쉽게 풀이하는 과정에서 자료와 편집에 오류가 있을 수 있다. 삽입된 그림은 저작권의 동의를 구하였다.

프롤로그

몇 년 전 동남아시아를 여행한 적이 있습니다. 좋지 않은 이야기여서 나라 이름을 드러내기에는 좀 흉이 될까 봐 밝히지는 않겠습니다. 그 나라는 유명한 유적지가 있는데 입구로 들어가는 길 양쪽에 놓여 있는 난간에는 커다란 뱀 모양의 형상이 있습니다. 처음 입구는 뱀의 얼굴이고, 길게 이어져 있는 난간은 뱀의 몸통으로 이루어져 있습니다. 이 유적지의 신화는 다음과 같습니다. 세상을 위태롭게 하는 뱀이 등장하여 나라를 혼란 속에 빠뜨리나 자국을 지켜 주는 뱀이 나타나 그 뱀을 속여서 물리친다는 내용입니다. 싸워서 이기는 것이 아니라 속여서 이긴다는 것입니다. 그 나라에서는 어느 건축물에나 대부분 지붕에 뱀 모양의 형상이 있고, 절과 사원에는 더 웅장하게 조각되어 있습니다. 그렇게 속여서 남을 이기는 것이 영웅처럼 민족사상에 뿌리박혀 있습니다. 뱀은 동서고금을 통해 공통된 점이 있는데 간사함과 속임의 상징으로 많이 표현됩니다. 그래서 그런지 그 나라에서는 우리가 이해할 수 없는 문화가 있습니다. 대부분의 나라에서는 남을 속이는 것이 잘못된 행동이라고 배우지만 이 민족은 남을 속여 이득을 취하는 것을 지혜라고 말합니다.

그들과 함께 생활해 보면 도둑이 많고, 속이는 것을 종종 볼 수기 있습니다. 그래서 집의 구조가 감옥처럼 바뀌었습니다. 집이 대문에서부터 위로도 들어갈 수 없게 다 쇠창살로 막혀 있는 구조입니다. 그렇다고 이 나라 국민성을 우리가 욕할 수 있을까요? 우리나라도 정신 바짝 차리지 않으면 속임수에 넘어가서 재산을 탕진하는 경우가 얼마나 많은지 매일 언론을 통해서 보기도 하고, 주변에서도 흔히 볼 수 있습니다. 얼마나 사기꾼이 많으면 커피숍에 앉아 있는 사람의 두 명 중 한 명은 사기꾼이라는 말까지 나왔을까요? 선진국이든 후진국이든, 배움이 많든 적든, 지위가 높든 낮든, 나이가 많은 사람부터 어린아이까지 모두가 속고 속이는 세상입니다. 다만 크고 작음만 있을 뿐입니다.

우리는 이런 세상에서 어떻게 살아야 하는지 나 자신부터 질문해 봅니다. 누구도 이런 세상에서 자유로울 수 없습니다. 어린이 동화 '자라와 토끼' 이야기를 보면 바닷속 용궁에 사는 자라가 용왕의 병을 낫게 하기 위해 땅에 사는 토끼의 간을 구하러 육지에 올라와서 토끼를 속여 용궁으로 데려갑니다. 토끼는 자신이 속았고 자신을 죽이려 한다는 것을 알고 용궁의 물고기들에게 간을 말리려고 육지에 꺼내 놓고 왔으니 가지러 가야 한다고 속입니다. 그래서 자라와 다시 땅으로 올라와서 자라에게 야유를 하며 도망간다는 내용입니다. 자라는 속은 것을 알고 자신이 살기 위해서는 가짜 간이라도 가져가야 한다는 것을 생각했을 것입니다. 이렇듯 어린이 동화만 보더라도

속이는 기술

속고 속이는 세상이라는 것을 알 수 있습니다. 어린 시절 거짓말은 정말 나쁜 것이라고 배웠고, 어른들은 어린이에게 거짓말하면 나쁜 사람이라고 가르치지만 세상 사람들을 겪어 보면 거짓말을 밥 먹듯이 합니다. 이제는 만성이 되어 남을 속여도 전혀 양심의 가책이 없는 세상이 되어 버렸습니다.

필자는 바닷가에 놀러 갈 때마다 파란 하늘빛 파도를 구경하고 미식을 즐기기 위해 횟집을 찾습니다. 횟집을 서성거리며 머리에 드는 생각은 항상 편하지 않습니다. 싱싱한 활어를 저렴하게 먹고 싶은데 속지 않고 먹는 곳이 어디일지 생각하며 서성거립니다. 그나마 손님이 많고, 식당 앞에서 싱싱한 활어를 바로 잡아 떠 주는 곳을 선택하게 됩니다. 하지만 2층에서 상 차림비를 따로 내고 기다리면 또 불안해집니다. 조금 전 회를 뜬 싱싱한 회가 바꿔치기를 당하지나 않을까 하는 조바심이 들기 때문이죠. 왜 이렇게 걱정하며 먹어야 할까? 대게나 킹크랩 등도 언제나 고민이 앞섭니다. 죽은 건 아닌지 죽지 않더라도 찜 할 때 바꾸지 않는지, 저울치기(무게를 속이는 일)를 당하지나 않았는지, 수율은 믿을 수 있는지 걱정부터 앞섭니다. 물론 정직하게 하시는 분도 많으리라 생각합니다.

항상 오래된 핸드폰을 바꿀 때마다 또 불편한 마음을 가져야 합니다. 길거리에 가게에서는 최신 핸드폰이 공짜라고 쓰여 있는데 정말 공짜일까? 속이는 거라 생각하고 자급제폰처럼 사려니 큰 금액을 지불해야 합니다. 정액을 더 주고 시지니 아까운 것 같고, 공찌폰 깁으로 가서 구매하자니 복잡한 요금제, 카드사 가입 사용 할인, 통신사 할인, 몇 개월 약정 등등 이것저것 설명하는데 왠지 속는 것만 같아 맘 편히 구매할 수 없습니다.

우리나라는 그래도 양호한 편입니다. 대륙의 땅을 여행하며 어떤 물건을 사든 정품이라고 생각한 적이 없습니다. 그렇게 마음을 다짐하고 여행을 가도 또 짝퉁에 속습니다. 퀄리티가 너무 좋아 순간 솔깃하고 판단력이 흐려져 버립니다. 분명 수백만 원 정도 하는 명품인데 몇십만 원도 안 됩니다. 거기서 또 할인해 준다고 합니다. 아무리 깎고 깎아서 사도 왠지 속은 기분을 감출 수가 없습니다. 그들의 눈에는 양심이라고는 하나도 없어 보입니다. 아니, 상대를 속인 것을 주변 사람들에게 자랑할 것입니다.

비단 필자만 이렇게 고민하고 사는 건 아니라고 생각합니다. 독자들도 분명 같은 경험을 가지고 있을 것입니다. 이렇게 삶의 소소한 것부터 큰 것까지 우리의 삶 속에 신뢰가 깨진 속임수가 너무 가까이 와 있다는 것이 불편한 진실이 되어 버렸습니다.

이 책을 통하여 독자들과 소통하고자 하는 것은 작은 속임에 넘어가는 것은 어린아이의 거짓말처럼 웃어넘길 수도 있지만, 어떤 속임수는 인생을 망가뜨리는 사건이 될 수도 있기에 깊이 생각하는 시간을 조금이라도 가지길 바라기 때문입니다.

여기에 대표적인 사기수법만 기록했을 뿐이지 사기범죄는 어느 장소 어떤 환경에도 발생할 수 있고, 대처법은 이 책이 아니더라도 관공서나 인터넷을 통해 더 자세히 알아볼 수 있겠지만, 속임수는 계속해서 진화하기 때문에 피해 가기란 쉬운 일이 아닐 것입니다. 그래서 본문에 있는 인생에서 속지 않는 마음가짐을 필히 읽어 보길 권합니다.

한번 큰돈을 잃어버리면 다시 일어서기까지 오랜 시간이 걸리거나 재기가 안 되는 경우도 많습니다. 어느 정도 빚을 청산할 때쯤이면 인생이 다 흘러갔음을 알 것입니다. 프랑스 작가 '모파상'의 단편소설 '목걸이'의 내용처럼 속아서 잃어버린 돈이나, 도박으로 잃은 돈을 갚아 나가다 보면 젊은 시절이 금세 지나가 버립니다.

어린 시절을 떠올려 봅니다. 그때 아이들은 '내가 빨리 청년이 되면 얼마나 좋을까' 하고 말하고, 청년이 되면 '내가 어른이 되면' 하고 말하고, 어른이 되면 '내가 취업하고 결혼을 하게 되면' 하고 말하고, 결혼을 하면 '아기를 낳게 되면' 하고 말하고, 자녀가 자라고 세월이 흘러 '내가 퇴직을 하면'이라고 말합니다. 그리고 정년 퇴직을 한 후 자신이 걸어온 길을 되돌아보면 모든 것이 지나가 버렸음을 늦게 깨닫습니다. 아무도 불러 주지 않는 노년 속으로 그리고 고독 속으로 들어가며 추억을 더듬을 것입니다. 어린 시절의 모든 꿈이 바뀌어 버렸음을 알게 됩니다. 돈을 쫓다가 아니면 돈을 갚아 나가다가 세월의 흐름과 동시에 꿈이 사라져 버린 것을 슬퍼합니다. 잘못된 판단으로 실패로 무너진 자신의 삶을 슬퍼합니다. 그렇게 자신을 부끄럽게 생각하니, 먼지 낀 서울에 비친 주름진 얼굴을 보고

프롤로그

는 고개를 숙이고 말 것입니다. 겨울 문턱에 선 앙상한 나뭇가지로 불어 대는 찬바람이 피부를 움츠러들게 하는 것처럼, 싸늘한 눈으로 거울을 쳐다보며 고개를 떨구는 그 사람이 바로 자기 자신이 될지도 모릅니다.

사기를 당해 전 재산을 탕진하고 가족과 떨어져 일당벌이로 살아가는 슬픈 사람들에게 위로가 되기를 바라며, 사회생활을 시작하는 젊은 사람들이 유혹이 많은 이 시대에 힘들게 번 돈을 잘 지키길 바라고, 노년에 판단력이 떨어져 사기를 당하고 그동안 전 모아 둔 전 재산을 잃어버리는 일이 일어나질 않길 바랍니다. 마지막으로 호기심에 이 책을 사서 읽는 독자가 있다면 책을 통하여 한 번이라도 속임을 피해 갈 수 있기를 바랍니다.

유년의 꿈

목차

남을 속이는데 칭찬받는 속임수

남을 속이는데 손가락질 받는 속임수

속임이 아니더라도 가정의 자산이
줄어드는 이유

인생에서 속지 않는 마음가짐

인생에서 반드시 성공하는 3가지 방법

남을 속이는데
칭찬받는 속임수

사탕발림

상대편을 이기기 위해

우리가 할 수 있는

속임수는 무엇이 있는지

끊임없이 생각하고 연습해야 한다.

남을 속이는 기술 중에 사기범죄는 뒤에 다루기로 하고 간단하게 남을 속여야만 칭찬받는 기술을 몇 가지 알아보자.

상대가 존재하는 모든 스포츠 경기

상대가 존재하는 모든 스포츠 경기는 속이는 기술이 있다. 감독과 코치는 선수들에게 말한다. 상대편을 이기기 위해서 우리가 할 수 있는 속임수는 무엇이 있는지 항상 생각하고 그것이 몸에 익숙해지도록 끊임없이 노력해야 한다고.

야구

상대 선수를 속이기 위해 쉴 새 없이 사인을 주고받는 스포츠다.

투수와 포수 간에 주고받는 사인은 타자를 속이기 위한 속임수다. 타자는 투수가 어떤 공을 어디로 보낼지 짧은 시간에 판단해야 한다. 투수가 시속 140~150km의 속도로 공을 던지면 투수의 손에서 공이 떠난 후부터 타자 앞에 도달하기까지는 0.5초밖에 걸리지 않는다. 0.5초에서 타자가 들고 있던 방망이가 공 앞에까지 도달하는 시간 0.25초를 빼면 타자가 판단해야 할 시간은 0.25초밖에 되지 않는다. 속지 않을 수 있는 시간은 0.25초밖에 되지 않고, 공이 더 빠르다면 더 짧은 시간에 판단해야 한다.

투수가 던지는 공의 구질을 보면 어떻게 해야 타자를 속일지 짧은 순간에 수없이 생각한다. 싱커, 체인지업, 패스트볼, 커브, 변화구, 슬라이더 등등 수없이 많은 구질은 야구라는 운동이 생길 때부터 연구한 속임수다.

타자는 공이 몸 쪽으로 오자 맞지 않기 위해 몸을 돌리고 있으나, 공은 휘어져 스트라이크 존으로 흘러 들어간다. 슬라이더에 속아 넘어간 것이다.

대표적으로 너클볼을 보자. 무회전공이 날아오다가 타자가 방망이를 휘두르면 공이 뚝 떨어진다. 타자는 헛스윙을 한다. 수비편 관중들은 박수를 보낸다. 투수가 타자를 잘 속였기 때문이다. 그 속임에 투수는 희열을 느낀다. 얼마나 공이 날아오는 궤적을 알 수 없으

속이는 기술

면 포수마저도 가끔 잡지 못한다.

너클볼은 공에 있는 실밥 때문에 떨어지는 것이다. 물론 다른 구질도 실밥을 사용하여 구사하는 것이지만…. 실밥(솔기라고도 부름)은 정확히 108개나. 야구공은 두 장의 가죽을 맞붙어 216번 정도 꿰매어 만드는데, 이 과정에서 108개의 실밥이 만들어진다. 공이 구슬처럼 매끈하다면 그대로 날아오겠지만, 108개의 실밥이 공기와 맞닿으면서 이상한 궤적을 일으킨다. 다른 구질은 투수가 공을 회전시키기 때문에 공의 궤적을 파악할 수 있지만 너클볼은 무회전이기 때문에 바람의 영향을 받아 궤적을 파악하기가 어렵다. 학창 시절 친구들과 피칭(pitching: 투수가 포수에게 공을 던지는 행동)을 할 때 포수가 가끔 공을 놓치는 경우를 보았는데 그때는 몰랐지만 지금 생각해 보면 무회전 공을 던진 것이었다.

개인적으로 슬라이더를 좋아한다. 타자 쪽으로 공이 날아가다가 타자가 공을 피하기 위해 몸을 뒤로 뺄 때쯤 공의 방향은 스트라이크 존으로 꺾여 들어가 삼진을 당한다. 가끔 타자들이 엉덩이를 뒤로 쭉 빼거나 맞을 것 같아 몸을 뒤로 돌리는 모습을 보면 속은 것이다.

반대로 스트라이크 존으로 공이 날아가다가 타자가 방망이를 휘두를 때쯤 공은 타자 안쪽으로 꺾여 들어가는 반대방향의 슬라이더도 있다. 이런 경우 공은 방망이 안쪽 얇은 부분에 맞아 공이 데굴데굴 굴러간다. 야구를 좀 아는 독자는 눈치챘겠지만 병살타를 유도하는 구질이다. 방망이가 부러지는 경우는 공이 방망이 안쪽에 맞아서다.

어찌되었든 응원하는 팀의 투수가 던진 공에 속아서 상대방 투수가 헛스윙할 때면 엔도르핀이 솟고, 자기 팀의 타자가 속지 않고 홈런을 칠 때면 승리의 기쁨으로 가득 찬다. 상대를 속여 칭찬받는 대표적인 스포츠이다.

탁구

탁구의 서브는 상대를 속이기 위해 수없이 연습하고, 수비는 리시버할 때 속지 않기 위해 눈을 부릅뜨고 라켓을 바라보아야 한다. 빨리 판단해서 읽지 못하면 공을 받지 못할 것이다. 일반인이나 아마추어가 프로의 서브를 받지 못하는 것은 서브의 회전을 읽지 못해

서브를 빨리 읽지 못하면 공이 어디로 올지 몰라 리시버할 수 없다.

속이는 기술

속기 때문이다. 아무리 눈을 부릅뜨고 보아도 서브를 넣는 라켓이 앞면인지, 뒷면인지, 커트인지, 푸시인지 일반인은 알 수가 없다. 공격수가 서브를 넣을 때 토스하는 순간 라켓을 몸통 가까이 붙이거나 뒤로 숨기는 것도 상대가 눈치채지 못하게 속이기 위해서이다. 상대가 멀리 있으면 네트 바로 앞에 떨어뜨려 공을 받지 못하게 허점을 노리는 스톱 기술도 상대를 속이는 기술이다.

모든 스포츠 경기

상대가 있는 모든 스포츠의 속임수가 페인팅이다. 상대팀 선수가 빗나간 대응을 하도록 주로 공격자가 사용하는 방법이다. 페인트를 할 때는 몸을 좌우로 움직이거나 발을 바꿔 가며 혼란스럽게 움직여 상대선수의 눈을 속이게 된다.

축구에서 공을 움직이지 않고 몸과 발기술로 상대선수를 속이는 것을 보면 관중들은 환호성이 절로 나온다. 게다가 몸동작과 공 다루기를 동시에 구사하며 드리블하여 골인까지 성공시키면 관중들은 일어나 서로 안으며 박수를 치고 눈물까지 흘린다. 수비선수는 속아서 넘어지거나 공과 공격수를 놓쳐 버린 것이다.

농구의 경우도, 슛하는 척하여 수비자의 관심을 위쪽으로 집중시킨 뒤 드리블로 컷하고, 얼굴이 보는 방향과 반대쪽으로 패스하는 동작 등이 다 속이는 기술이다. 오른쪽으로 가는 척하다가 급히 변경하여 왼쪽으로 동작을 바꾸면 상대는 공격수를 놓쳐 버린다. 이렇게 속이는 기술을 농구에서는 볼 페이크(ball fake)라고 한다. 말 그대로 볼을 가지고 상대를 속이는 기술이다. 볼 페이크에 속은 수비는 무게중심을 잃게 된다. 학교 수업시간에 체육교사가 페이크를 가르친다. 상대를 속이는 기술을 가르치는 것이다.

럭비의 경우도 비슷하다. 태클하려는 상대방을 순간적으로 속여서 태클을 피한다. 공격수 앞 또는 뒤로 달리는 선수에게 공을 패스하려고 손과 팔을 펴는 척하다가 다시 공을 가슴 쪽으로 당기면서 옆으로 빠져나가 상대를 피한다. 경기를 잘 보면 선수가 지그재그로 달리면서 상대를 따돌리는 장면을 많이 볼 수 있다. 공을 왼팔과 오른팔로 옮겨 가며 상대방을 당황하게 한다.

배구에서는 스파이커가 강한 스파이크를 하는 것처럼 동작을 취하다가 약한 공을 블로킹하는 선수의 뒤나 빈 곳에 살짝 밀어 넣는 속이는 기술을 자주 볼 수 있다. 또한 공격수가 스파이크하기 위해 혼자 뛰어오르지 않고 여럿이 뛰어오른다. 그중에 스파이크를 하는 선수는 한 명뿐이다. 상대방을 혼란시켜 블로킹을 못 하게 하기 위해서 하는 속이는 기술이다.

몇 가지 스포츠의 예를 들었지만, 모든 스포츠를 보면 서로를 속

속이는 기술

이는 기술이 얼마나 많이 사용되고 있는지 알 수 있다. 관객들은 그것을 속였다고 말하지 않고 노력을 많이 했다고 하고, 훌륭한 선수라고 칭찬한다. 그리고 박수를 보낸다.

손은 눈보다 빠르다.

마술사는 당신이 바라보는 눈만 속이면 된다.

당신이 믿는 눈은 생각보다 못 보는 것들이 많다.

마술의 속임수

관객을 속이기 위해 마술사는 밤을 잊어 가며 끊임없이 노력하고 연습하고 반복한다.
그들의 손은 언제나 당신의 눈보다 빠르다.

마술은 관중을 속이는 기술이다. 마술이라는 단어의 '마' 자는 한문으로 魔, '마귀 마' 또는 '도깨비 마'다. '두 눈을 부릅뜨고 보아도 귀신에 홀려 볼 수 없다.'는 이미를 가지고 있다. 아이러니한 것은 마술사가 당신을 속였는데 우리는 속여 준 것에 감사하다고 외친다는 것이다. 더 잘, 더 크게 속일수록 더 큰 박수를 보낸다.

마술사들은 하루 종일 관객을 속이는 방법만 연구한다. 마술로 사람들을 속이면 호기심에 사람들이 몰려든다. 마치 자석에 이끌리듯 많은 이들이 모여서 마술을 보고 감탄을 한다. 마술은 사람들의 호기심을 자극하여 웃게 만든다. 코미디와는 다르다.

마술은 크게 스테이지와 클로즈업으로 나눈다. 말 그대로 스테이지는 무대에서 하는 마술로 좀 멀리서 하는 마술이다. 예를 들어 사람이 사라지거나 또는 나타나거나 하는 등의 큰 쇼를 보여 주는 것이다. 큰 쇼를 보여 주어 속이려면 좀 멀리 있어야 한다. 클로즈업은 '확대'라는 뜻인데 관객 바로 눈앞에서 행해지는 마술을 의미한다. 예를 들어 카드 숫자 맞추기, 동전이 사라지거나 나타나는 마술 등이 이에 속한다. 어떤 종류의 마술이든 관객은 속이는 방법만 모르지 속이는 것이라는 것을 알면서도 마술을 행하면 기뻐한다.

학창 시절 학교 수업시간에 마술사를 초빙한 적이 있다. 지금 생각하면 아주 단순한 마술 즉, 속임수였는데 그 당시에는 너무 신기해서 한참이나 정신을 놓고 본 적이 있다. 속았는데 기쁘고 칭찬해 주었다. 필자는 가끔 간단한 마술을 아이들에게 보여 주는데 무척 좋아한다. 속여서 자신도 좋고 상대도 좋아하니 몇 가지 알아 두는 것이 좋다고 생각한다.

속이는 기술

은행이 없었다면

우리는 대부분 빚을 지지 않았을 것이다.

하지만 은행이 없었다면

우리는 대부분 집을 사지 못했을 것이다.

은행의 속임수

은행은 우리가 맡긴 예탁금을 언제든지 돌려줄 수 있다고 말하지만 맞는 말이기도 하고 거짓말이기도 하다. 은행은 최소한의 돈만 남겨 두고 누군가에게 빌려주어 더 많은 이자놀이를 한다. 은행이 최소한의 돈을 보유하고 있어야 하는 금액을 경제용어로 지급준비율이라고 한다. 지급준비율은 각 국가의 중앙은행이 정해 준다. 즉, 우리 돈을 가져다가 자기 돈처럼 이자놀이를 하는데 국가가 그걸 인정해 준다는 것이다. 지급준비율은 통상 10%인데 우리나라는 이보다 훨씬 낮다. 매년 차이는 있겠지만 크게 벗어나지 않는다.

지급준비율을 쉽게 설명하자면 100명의 고객이 10,000원씩 A은행에 예금했다면 100만 원이 된다. A은행은 100만 원 중에 10만 원만 남기고 90만 원은 더 높은 금리로 대출해 준다. 즉 10만 원이 지급준비금이 되는 것이다. 90만 원을 빌린 사람은 지금 당장 필요한 현금만 남겨 두고 나머지 돈은 다시 B은행에 넣어 두고 필요할 때 찾아 쓴다. B은행은 예탁한 돈을 다시 지급준비금만 남기고 다시 대출해 준다. 이런 식으로 계속 반복된다. 결국 실제 총 금액은 100만 원이지만 사용하는 사람은 많아지고 수천만으로 불어나게 된다.

더 쉽게 설명하자면 누군가 은행에 1억을 예금했다고 하자. 당신이 돈이 필요하여 대출을 받는다면 은행은 누군가 예금한 1억 원을 이자를 정하고 당신에게 줄 것이다. 하지만 당신은 1억 원을 현금으로 집

속이는 기술

에 쌓아 두고 있지는 않을 것이다. 다시 은행에 넣어 놓을 것이다. 은행은 당신이 넣어 둔 1억 원을 다시 누군가에게 대출해 준다. 그 사람은 다시 은행에 넣어 둔다. 원금은 1억 원인데 그 돈으로 당신도, 누군가도 또 누군가도 계속 사용하고 있다. 100명이 사용하고 있다면 1억 원이 100억 원이 된 것 같은 역할을 하고 있다는 뜻이다.

만약 대출받는 모든 사람이 현금으로 집에 쌓아 두고 있다면 은행은 돈벌이가 없어질 것이다. 하지만 당신의 자산이 얼마가 되었던 집에 보유하고 있지 않을 것이고 당신 통장에 숫자로만 찍혀 있을 것이다. 당신이 돈을 누구에게 이체하거나 해도 통장의 숫자가 바뀌는 것이지 실제 현금이 송금 받는 사람에게 가는 것이 아닌 구조다. 물론 현금으로 찾는 사람도 있지만 대부분은 현금의 이동이 없이 숫자만 왔다 갔다 한다. 이런 원리를 이용해서 수익을 내는 회사가 은행이다. 그래서 당신의 핸드폰으로 대출 권유 문자가 여러 은행에서 계속 오는 것이다. 소액이라도 빌려 가라고 문자가 온다. 우리가 생각하면 '이거 빌려주어서 얼마나 남는다고 몇십만 원도 빌려 가라고 문자가 올까?' 하는 생각을 할지 모르지만 은행은 작은 돈으로 보지 않는다. 전체로 보면 하나의 큰 수익인 것이다. 누군가 대출해 가야 은행은 돈이 생기고 수익이 나는 구조이기 때문이다.

100명이 1만 원씩 맡긴 예금 100만 원 중에 예금을 찾아가는 확률은 평상시 10만 원이 안 된다. 그러므로 은행은 언제나 당신이 원하면 예금을 돌려줄 수 있다고 말한다. 하지만 한 번에 10명 이상 100

명이 다 찾아가겠다고 하면 문제가 커진다. 은행에는 대부분의 돈을 대출해 주고 10만 원밖에 없기 때문에 모두에게 예금을 돌려줄 수 없다. 이런 현상을 경제용어로 뱅크런(Bank Run)이라고 한다. 뱅크런이 일어나면 은행은 지급해 줄 돈이 없기 때문에 파산할 확률이 커진다. 아무리 큰 은행이라도 경제 악화나 부도설 등으로 불안해진 군중심리가 작동하여 자기 돈을 회수하기 위해 몰려드는 고객의 예탁금 해지로 은행이 휘청거리는 뉴스를 가끔 볼 수 있다.

이제 당신도 알 것이다. 은행은 모두에게 돌려줄 현금이 없으면서 당신이 원하면 언제든 돌려줄 수 있다고 말한다. 속는 것 같기도 하고 아닌 것 같기도 하다. 그럼에도 불구하고 이런 현상은 자본이 필요한 기업이나 개인사업자 그리고 당신이 부동산을 구매하거나 급전이 필요할 때 도움을 준다. 우리는 이런 시스템 안에서 대출을 자연스럽게 할 수밖에 없다. 빚이 너무 많아도 문제지만 빚을 다 갚으면 당신은 빚에서 해방이겠지만 모든 사람이 빚을 다 갚으면 은행은 파산하게 될 것이다. 그러므로 자본주의 사회에서 예금과 대출은 찜찜한 속임수처럼 꼭 필요한 것이다. 당신은 은행에 저금리를 받으면서 예금을 하고, 고금리로 대출을 받는다. 이상한 원리이지만 어쩔 수 없다. 왜냐하면 큰돈을 가지고 있는 사람이 언제나 적은 돈을 가지고 있는 사람을 지배하기 때문이다.

속이는 기술

적을 속여서 승리하는 것은 나쁜 것이 아니다.

그렇게 해서 내 전우 한 사람의 목숨을

더 살릴 수 있다면 당연히 속여야 한다.

목숨을 건 전쟁의 속임수

역사의 모든 전쟁은 적을 속이는 기술을 바탕으로 전술을 짠다.

여성들은 잘 모르겠지만 군에 입대하면 처음부터 배우는 군사훈련이 은폐(隱蔽: 적에게 발각되지 아니하도록 주변의 지형지물을 이용하여 인원이나 장비 따위를 숨기는 일) 기술이다. 얼굴을 검게 칠하거나, 헬멧에 나뭇가지를 꽂고, 옷은 나뭇잎 색과 풀색에 비슷하게 제작된다. 적을 속여 발각되지 않기 위해서이다.

필자가 근무했던 전방에서 매년 두 팀으로 나누어 한 팀은 간첩 역할을 하고 또 한 팀은 간첩을 잡는 수색대 역할을 하는 훈련을 하곤 했다. 어느 산을 지정해 놓고 간첩 역할을 하는 부대원 중 몇 명이 위장하여 숨고, 수색대 팀이 반나절 안에 산에 있는 간첩을 잡아내는 훈련이었다. 필자는 간첩 팀에 합류하여 수색대 팀에 잡히지 않기 위해 속이는 전략을 짜야만 했다. 몇 년 동안 이겨 본 적이 없어서 우리 중대장은 이번에는 꼭 이겨야 한다고 다짐을 했다. 우리 팀은 며칠 전 작전이 수행되는 산의 정보를 수집하여 미리 탐방을 가서 어떻게 수색대 팀을 속일 것인지 머리를 맞대고 고심하였다. 그 산에는 무덤이 두 개 있었는데 필자는 무덤을 하나 더 만들어서 그 속에 숨자고 했다. 작년에 우리가 수색대 팀이 되었을 때 간첩 역할의 상대팀이 시나대를 입에 물고 물속에 잠수를 해서 찾아내지 못해 패했기 때문에 우리도 복수하자는 생각이 앞섰다.

속이는 기술

훈련 당일 간첩 팀인 우리는 먼저 산에 올라서 두 개의 무덤 옆에 미리 만들어 놓은 무덤 속에 세 사람이 숨었다. 반나절을 있으려니 지루해서 촛불을 켜고 삼치기를 하고 있었다. 한참을 숨어 있는데 수색대 팀이 무덤 주위로 다 모이는 것이었다. 우리는 무덤에 뚫어 놓은 작은 구멍을 통해 중대가 모이는 것을 보고 숨을 죽이고 지켜보고 있었다. 갑자기 상대편 중대장이 옆에 무덤에 올라갔다. 아마도 우리가 숨은 무덤에 올라갔으면 느낌이 이상해 발각되었을 것이다. 그 중대장은 우리를 찾아내지 못해 화가 잔뜩 나서 무덤 위에서 중대원들을 엎드려 시키고 얼차려를 주었다. 모든 중대원들이 엎드려 땀을 흘리고 있었다.(오래전 일이지만 그 당시는 체벌과 구타가 꽤 있었다.) 중대장은 그래도 화가 안 풀렸는지 내무반장들보고 나오라고 했다. 그리고는 무덤에 손을 대고 엎드리라고 했다. 한 사람씩 엉덩이에 회초리를 가할 셈이었다. 그렇게 필자가 숨은 바로 옆에서 한 사람씩 맞았다. 우리 팀은 숨도 못 쉴 정도로 가슴을 졸였다. 중대장이 얼마 남지 않은 시간 동안 빨리 찾아내라고 윽박지르자 다들 산을 다시 뒤지기 시작했다. 그렇게 우리 팀은 상대팀을 속여 들키지 않아 승리했다. 우리 중대장은 기분이 좋아 저녁에 회식을 시켜 주었다.

'손자병법'은 적과 싸울 때 솔직하게 싸우면 안 되고 어떤 전략과 모략과 속임수를 써서라도 이겨야 한다고 말하고 있다. 다시 말해서 적을 어떻게든 교란시키고 속여야 한다는 뜻이다. 더 나아가 '손자

병법'은 전쟁은 적을 속이는 일이라고 말한다. 그런 까닭에 강하면서 약한 척 보이고, 약하면서 강한 척 보이게 한다. 적이 강하면 정면충돌을 피하고, 적이 약하면 더 약한 척하여 적이 교만에 빠지게도 한다. 이런 전술이 바로 공산국가에서 자주 사용하는 방법이다. 대표적인 것이 통일전선 전술이고, 게릴라 전술이다.

통일전선 전술은 공산주의 세력이 자기 힘으로 적을 물리치기 어려울 때 동조세력을 규합하고, 적대 세력은 이간질하는 대표적인 전술 즉, 속임수다. 북한은 전쟁이 끝난 후부터 통일전선 전술을 기본 전술로 계속 사용해 왔다. 대표적인 예가 간첩들을 보내어 신뢰를 얻게 한 다음 대한민국의 비리를 대학생들이나 젊은 청년들에게 알려 그들의 마음을 혼란에 빠지게 하고, 정의에 불타는 학생들의 마음을 대모나 사태로 몰아가는 방법을 사용해 왔다. 그렇게 해서 여러 도시가 폭력사태에 혼란이 오면 전면공격을 하는 방법이다. 그래서 예전에는 그토록 간첩을 잡는 데 총력을 기울였던 적이 있다.

'삼국지'를 읽어 보면 얼마나 속임수가 많은지 알 수 있다. 그래서 학생들이 읽으면 안 되는 도서라고도 한다. 속임수 즉, 적을 속이는 최고의 인물은 제갈공명이다. 그렇게 속임과 계략에 능한 사람을 좋은 말로 책사라고 한다. 책사인 공명을 얻기 위하여 유비가 제갈공명이 살던 초가집을 세 번 찾아간다는 뜻의 사자성어가 '삼초고려'다. 정정당당히 전쟁을 하는 방법보다 계략과 속임수를 잘 사용하는 사람이 더 중요하기 때문이다.

과거부터 지금까지 그리고 앞으로 과학이 발전해도 적을 속여 승리를 거두는 방법은 끊임없이 연구될 것이다. 지금의 현대전을 언론을 통해 보아도 얼마나 많은 속임수가 동원되는지 알 수 있다. 그렇게 속여서 이긴 군인을 영웅이라고 한다. 전쟁은 정정당당히 싸울 필요가 없다. 어떤 속임수를 써서라도 승리만 하면 된다. 왜냐하면 목숨이 걸려 있기 때문이다. 생명과 관련된 일이라면 필자는 상대를 속여야 된다고 생각한다. 그리고 칭찬을 받을 것이다.

남을 속이는데
손가락질 받는 속임수

동상이몽

범죄유형에는 살인, 강도, 강간, 추행,

절도, 폭력, 사기범죄가 있다.

한 해 평균 사기범죄는 수십만 건 발생한다.

당신이 연루될 수 있는 확률은 꽤 높다.

사기범죄 통계

잠시 최근 몇 년 동안의 범죄현황을 경찰청 자료를 통해 알아보자.

최근 범죄현황 통계

범죄유형	2000년 건수	2000년 건수	2000년 건수	2000년 건수	2000년 건수
살인	825	797	779	724	658
강도	967	821	798	663	495
강간	5,859	6,069	6,092	6,136	6,076
강제추행	17,947	17,053	17,445	15,344	14,201
절도	183,757	176,809	186,957	179,517	166,409
폭력	293,086	287,611	287,913	265,768	232,661
사기	231,489	270,029	304,472	347,675	294,075
기타	928,411	821,562	807,450	772,039	715,251
전체범죄	1,662,341	1,580,751	1,611,906	1,587,866	1,429,826

출처자료 : 경찰청

범죄유형에는 살인, 강도, 강간, 추행, 절도, 폭력, 사기 등이 있다. 한 해에 전체 범죄는 약 150만 건이 발생한다. 인구 5,000만 명이라고 가정하면 일 년 동안 우리에게 일어날 범죄는 확률상 약 3.3% 정도다. 100명 중에 3명은 범죄에 연루된다는 말이 된다. 상당히 높은 확률이다.

여기에서는 속임수에 의한 사기범죄를 다루고자 하니 맨 아래에 있는 사기범죄 통계를 보자. 절도보다 훨씬.많음을 알 수 있다. 훔쳐서 상대방의 돈을 빼앗는 것이 아니라, 속여서 빼앗는 방법이 더 많다는 것이다. 보통 한 해 20만 건 이상 되고 30만 건이 넘긴 해도 있었다. OECD(경제협력개발기구) 중 1위거나 상위를 차지하고 있다. 밝혀지고 신고된 것만 이 정도라면 실제로는 훨씬 더 많다고 봐야 한다.

한 해 동안 살아가면서 20~30만 번 발생하는 사기사건(속임수)에 당신이 들지 않을 수 있을까? 옛말처럼 '눈뜨고도 코 베이는 세상'이 현실로 나타나고 있다. 치안이 잘되는 나라에서 사기공화국이란 말이 있을 정도로 심각하다. 치안을 담당하는 경찰이 사기를 담당하기도 바쁜 나라가 되었다. 치안은 좋은데 사기는 많다는 것은 누구에게 맞을 일은 적지만 돈을 빼앗길 일은 많다는 뜻이다. 어떤 이유로든 돈을 뺏기면 다시 돌려받는 일은 결코 쉬운 일이 아니다.

한쪽 다리가 없는 이유를 궁금해한다면
한쪽 눈이 안 보이는 이유를 궁금해하는 것과 같다.

속이는 기술

남을 속이는데 손가락질 받는 속임수

야바위꾼과 바람잡이는 진화해서

당신의 스마트폰 속으로 깊숙이 들어와 있다.

이제 당신의 삶에 지뢰밭처럼 깔려 있는 속임수들을 어떻게 피해 가야 하는지 살펴보도록 하자. 한마디로 정의하자면 돈의 이득이 관련된 모든 인간관계에는 속임수가 있다.

속임수의 핵심: 바람잡이에게 홀림 + 계약금 송금 = 인생 나락

야바위의 진화

짜고 치는 야바위꾼에게 당신의 소중한 돈을 빼앗겨서는 안 된다. 야바위꾼과 바람잡이는 인터넷 채팅방에서 쉬지 않고 당신의 가슴에 바람을 넣고 있다.

바람잡이가 돈을 따 가고 있고, 야바위꾼의 오른손 놀림을 보면 자유자재로 컵 안에 공을 손 안으로 빼기도 하고 컵에 넣기도 한다. 구경꾼의 눈보다 손이 훨씬 빠르다.

속이는 기술

터미널과 역전에 가장 많이 존재하는 야바위꾼들은 처음 도시로 발을 디디는 사람을 타깃으로 정한다. 필자는 고등학교 겨울방학 때 누나가 살고 있는 서울에 간 적이 있다. 그 당시 용기를 내어 처음 가 보는 서울을 혼자 용기를 내어서 갔다. 누나는 터미널에서 시내버스 타는 곳까지 와서 몇 번 버스를 타면 된다고 했다. 버스를 타고 도착한 서울은 지방보다 훨씬 추웠다. 시골 동네에 살던 필자가 시내버스를 어디서 타는지 몰라 길을 헤매고 있었는데 사람들이 모여서 웅성웅성하는 곳이 보였다. 졸업을 앞둔 고등학생이었던 필자는 지리도 잘 모르는 곳에서 그런 장면은 처음 보았다.

호기심에 가까이 가 보니 한 사람이 테이블 위에 플라스틱 컵을 세 개 뒤집어 놓고는 사람들에게 동그란 스폰지를 어디에 감추었는지 찾는 게임을 하고 있었다. 필자는 별 관심 없이 갈 길을 가려고 하는데 그 사람의 목소리가 들렸다. 천 원을 걸고 스폰지가 있는 컵을 맞추면 가죽장갑을 준다는 것이었다. 멀리서 보기에도 정말 튼튼한 가죽으로 된 장갑이 쌓여 있었다. 필자가 생각해도 저 장갑은 만 원 이상은 갈 것이라고 판단하였다. 그러자 한 사람이 자기가 하겠다고 하며 천 원을 걸었다. 필자도 옆에서 스폰지가 어느 컵에 있는지 유심히 관찰하였다. 그 사람은 한 컵에 스폰지를 넣고 컵을 옮겨 가며 섞기 시작했다. 스폰지가 가운데 있다고 생각하고 있었는데 천 원을 건 사람도 가운데를 지목하였다. 가운데 컵을 열자 거기에는 스폰지가 있었고 천 원을 건 사람은 장갑을 받았다. 필자는 잘마 보면 스폰지가 어느 컵에 있는지 알 수 있다고 생각했고, 옮기는 것을 놓치더라도 승률은 33%라고 생각하고 손해 보는 게임은 아니라고 생각했다. 엄마에게 받은 용돈 2만 원 중 남아 있는 돈은 만 오천 원이 있었다. 필자는 만 원만 남기고 5천 원으로 다섯 번 정도 해서 한 번만 찾아내도 본전이 넘는다고 생각하고 도전하였다. 눈을 부릅뜨고 보니 첫 번째 컵에 스폰지가 있다는 확신이 들었다. 그런데 이상하게 거기에 없었다. 분명 스폰지가 들어 있는 컵을 놓치지 않았는데…. 다시 도전하였다. 이번에는 세 번째 컵에 있는 게 확실했다. 그런데 열어 보니 없고 두 번째 컵에 있었다. 그렇게 오천 원을 잃었다. 갑자기 다른 사람이 자기가 하겠다고 했다. 필자는 이상해서 다시 자세히 바라보는데 첫 번째 컵에 있다고 생각하고 있었는데 이번에도 그 사람도 첫 번째 컵에 천 원을 걸었다. 첫 번째 컵을 열어 보니 스폰지가 있었고 그 사람도 장갑을 받았다. 이해할 수가 없었다. 필자는 누나 집에 가는 차비 2천 원만 빼고 나머지 8천 원으로 다시 도전했다. 그런데 필자가 하면 이상하게 스폰지는 다른 데 있었다.

그렇게 만 삼천 원을 다 잃고 나와서 한참 만에 버스 타는 곳을 찾아서 남은 2천 원으로 버스를 탔다. 재수가 없다고 생각하고 낯선 버스 안에서 어디에서 내릴지 조마조마하며 긴장을 했는데도 누나가 사는 중화동 몇 정거장 앞에서 내리고 말았다. 중화동, 중랑구청, 중화소방서 등등 헷갈렸다. 다시 버스를 탈 돈이 없어 걸어서 몇 정거장을 버스가 가는 길만 따라서 갔다. 저녁이 다 되어서야 누나 집

속이는 기술

에 도착했고, 터미널에서 있었던 이야기를 하니 야바위꾼에게 속은 거라고 했다. 그리고 장갑을 받은 사람은 바람잡이며 한 패거리라고 했다. 마지막으로 스폰지는 야바위꾼이 언제나 어느 컵에든 자유로이 옮길 수 있다고 했다.

야바위는 중국에서 유래한 속임수다. 돈을 따는 노름이란 뜻으로 인류의 역사가 시작되고 가장 오랫동안 이어져 오는 속임수가 아닌가 생각한다. 똑같은 방법과 똑같은 수법을 사용하는데도 속는 사람은 꾸준히 있다. 어느 나라에나 존재하는 속임수이며 여기에는 야바위꾼과 바람잡이(짜고 행동하는 들러리)를 포함하여 서너 명이 한 팀원이다. 야바위꾼에게 몇 푼 잃는 것은 문제가 되지 않지만, 뒷장으로 가면 진화한 야바위꾼이 온라인상에서 당신을 어떻게 속이는지 알게 될 것이다. 야바위꾼과 바람잡이는 가상화폐 속으로, 주식시장의 리딩방으로, 해외선물 속으로, 비상장주식시장 속으로, 자산투자 속으로, 다단계 속 등등으로 들어와 있다. 당신이 속는 것은 바람잡이 때문이다. 이것은 매우 중요하다. 바람잡이를 잊어서는 안 된다.

역사는 언제나 힘이 강한 사람들의 이야기다. 왕들의 역사를 다루고 있지 서민들의 이야기를 중심으로 이야기하지는 않는다. 그 역사 속에는 언제나 들러리와 바람잡이가 존재한다. 세력들은 항상 들러리와 바람잡이를 이용한다. 권력이든 사기꾼이든 같다. 만약 언론에서 어떤 사건을 안 좋게 이슈화한다면 당신은 사실일 수도 사실이 아닐 수도 있는 일에 생각을 빼앗겨 분개하거나 동참하거나 할 것이다. 그들은 당신의 그런 마음을 이용한다. 당신이 온 열심을 다해 지지했던 후보자가 당선이 되어 대통령이 되었지만 대부분 끝이 안 좋게 끝난 것을 기억할 것이다. 역사는 그렇게 강한 사람들 몇 사람이 흔들리는 들러리들을 이용하여 만들어 간다. 필자는 이 책을 읽는 독자들이 짧은 인생 자신의 신념을 가지고 자신을 위해 살길 바란다. 어느 세력들의 바람잡이가 되어 흔들리지 말고 확실한 가치관을 가지고 있어야 재산을 잃지 않고 지킬 수 있다.

당신이 맡긴 예금이자를

은행보다 더 많이 준다고 하면 속임수고,

당신이 빌린 대출이자를

은행보다 더 적게 준다고 해도 속임수다.

고이율의 속임수

당신의 돈을 뻥튀기(몇 배로 불려 줌) 시켜 준다는 말에 속아 당신의 원금을 맡기고 사기 당해 당신 자산을 급격히 쪼그라들게 해서는 안 된다.

가장 많이 당하는 사기기술이다. 당신은 수중에 돈에 있으면 어떻게든 불려 보고 싶어서 가만히 있지 못할 것이다. 은행에 맡기자니 이자수입이 별로여서 어딘가 투자할 곳을 찾는다. 그러다가 고위험 투자에 손을 대는 경우가 많다. 투자수익이 높은 곳에는 반드시 손실 위험이 따른다.

누군가 당신에게 은행 이자보다 더 높은 이자를 준다고 하면 의심부터 해야 한다. 은행은 개인의 저축예금을 모아서 더 높은 금리로 개인 또는 기업에 대출해 주고 그 차익으로 이익을 내는 회사다. 이런 회사를 이끌고 가는 사람들은 경제, 경영의 수제자들로 이루어져 있고 그들도 머리를 짜내어 안전자산을 유지하면서 이자수익을 내고 있다. 그런데 누군가 은행보다 이자를 더 준다는 것은 그 사람이 은행 경영자들보다 더 똑똑하다는 이야기인데 벌써 이론적으로 맞지 않는다.

아는 지인이 월 천만 원을 맡기면 이자로 월 백만 원을 준다고 필자에게 자랑하며 그곳에 돈을 보냈다고 했다. 회사에 빌려주는 것이기에 떼일 염려도 없다고 했다. 필자는 그런 고이율은 옛날 사채이자 외에는 들어 본 적이 없어 위험하니 맡기지 말라고 충고했다. 그러나 첫 달에 이자로 100만 원이 입금되자 돈 벌기 쉽다고 하고 필자에게도 권했다. 필자는 못 믿겠다고 거절했지만 그는 홍보까지 하고 다녔다. 그러면서 식구들까지 끌어들였다. 다들 그가 받은 이자에 놀라며 일반 사기꾼이 아닌 회사라며 안심했다. 그렇게 식구들은 몇천을 맡겼다. 두 번째 달까지 이자가 입금되자 그는 이제는 전도사가 되었다. 주변의 지인들까지 모았다. 그렇게 수천을 보냈다. 석 달째에도 이자가 입금되고 다들 좋아하고 안심했다고 한다. 그런데 넉 달째 이자가 입금이 안 되어 연락을 했는데 연락이 끊겼다고 했다. 300만 원까지 받았을 때 금세 부자가 될 것처럼 좋아하는 표정과 연락이 두절되자 절망하는 표정을 필자는 기억한다. 처음에 고맙다는 말을 하던, 지인을 믿고 투자하던 사람들이 모두 적으로 변했다. 처음에 받은 고이율의 이자는 당신이 처음에 돈을 딴 카지노의 돈과 같은 효력을 발생한다. 머릿속에 희망회로가 작동하기 시작하는 것이다. 그 지인은 그렇게 돈을 잃고도 몇 년 후에 계 모임에 가입했다가 계주가 돈을 가지고 도망가 또 돈을 날렸다. 지금은 매우 힘들게 노후를 살고 있다.

투자를 할 때 고소득 보장이란 말에 속아서는 안 된다. 잘 생각해보자. 당신이 고소득 방법을 알고 있다면 누군가에게 이야기하겠는가? 혼자 조용히 꾸준히 챙겨 먹지 왜 남한테 공유하겠는가. 공유하는 순간 남들도 다 하기 때문에 고소득 방법은 사라진다. 그러므로 그 방법을 알려 준다면 사기라는 걸 눈치채야 한다. 누가 무엇 때문에 잘 알지도 못하는 당신에게 돈 버는 방법을 알려 줄까? 필자라면 절대 알려 주지 않는다. 모든 사람에게 고소득은 불가능하다. 돈은 한정되어 있어서 누군가 많은 돈을 챙겨 가면 누군가는 돈이 없어질 것이다.

그럼에도 고수익 보장이란 말에 왜 속는 것일까? 야바위에서도 말했듯이 바람잡이 때문이다. 그들은 무작위로 문자를 보낸다. 당신에게도 왔을 것이다. 당일 100% 수익률 보장, 원금 보장이라는 내용의 문자가 오면 처음에 믿지 않다가 호기심에 채팅방에 들어가 보는 사람이 있다. 그러면 여러 사람의 대화가 채팅방에 오가고 하루에도 수십, 수백만 원을 벌었다는 사람이 인증계좌를 올린다. 또 다른 사람도 계좌 인증하며 수익에 감사하다고 공짜쿠폰까지 쏴 준다. 바람잡이가 조작된 계좌를 올리는 것이다. 그들의 계좌를 보는 순간 당신의 머릿속은 부자가 될 것 같은 희망회로가 그려지며 생각을 빼앗기게 될 것이다. 대박 난 계좌를 보여 주는 바람잡이 때문에 당신의 돈을 빼앗기게 될 것이다.

잊어서는 안 된다. 은행이자보다 고수익 보장을 해 준다면 절대 믿어서는 안 된다. 속담에 '진흙을 벽에 던지면 달라붙는 것도 있다.'란 말도 있다. 어떤 사람들은 슬프게도 사실인지 아닌지도 정확히 확인하지 않고 생각을 빼앗겨 쉽게 돈을 보내는 경향이 있다. 당

속이는 기술

신은 벽에 달라붙는 진흙이 되어서는 안 된다. 참으로 당신의 재산을 너무 쉽게 불려 준다는 말에 속아서는 안 된다. 정상적인 단계를 밟아서 재산을 불려 가도 늦지 않다. 특히, 노인층(필자가 생각하는 노인층은 우리나라에서 노동힐 수 있는 평균 나이 65세 징도 이싱의 나이를 말함)은 절대 투자를 해서는 안 된다고 생각한다. 자신은 잘 몰라도 노후가 되면 말과 행동 그리고 판단력이 엄청 둔화된다. 예전과 같다고 생각하면 안 된다. 판단력 저하는 투자 실패를 가져올 확률이 매우 높다. 노후에 투자를 실패하면 재기할 기회, 아니 나이가 없다. 왜냐하면 고령자를 뽑는 회사나 개인 상점은 거의 없기 때문이다. 그리고 체력도 안 되기 때문에 아무 일이나 할 수 없다. 일할 수 있는 곳이 거의 없다. 그렇기 때문에 실패하면 비참한 노후를 맞이하게 된다. 나이 들면 고집이 세지는 반면에 약해진 육체는 분별력 없는 귀를 만든다. 바람잡이의 먹잇감이 되기 쉽다는 뜻이다. 약을 파는 회관에 가 보면 노인들이 많은 이유도 다 그렇다. 그러므로 노년에는 투자를 하지 말고 모아 둔 재산과 연금(개인연금, 국민연금, 노령수당)으로 이자수입을 챙기고 자녀가 주는 용돈을 잘 관리해서 죽는 날까지 잘 사용해야 한다. 젊었을 때는 폭풍 같은 고난과 역경을 돈 주고 사서라도 겪어야 하지만 나이가 들어서는 안정된 삶을 살다가 날들(죽음) 속으로 들어가는 것이 가장 좋다. 투자에는 위험과 사기가 언제나 같이 움직인다는 것을 명심해야 한다.

남을 속이는데 손가락질 받는 속임수

고층의 고충

당신의 재산 중에 가장 오래 걸려서

장만하는 것이 집이다.

그렇기에 전세금을 날리는 것은 당신의 재산을

구석기시대로 돌려 버리는 것이다.

전세사기

전세사기를 당하는 사람은 삶이 나락으로 떨어지고 피폐해진다.

당신이 전세계약이나 매매계약을 할 때 건축물대장, 등기부등본 등 여러 가지 서류를 자세히 보는 이유는 무엇인가? 속지 않기 위해서다. 만약 당신이 부모의 집이나 형제의 집에 전세로 들어간다면 여러 가지 서류도 확인해 보지 않을 것이다. 왜냐하면 믿기 때문이다. 그렇다면 서류를 꼼꼼히 확인하는 세상은 서로를 믿지 못하기 때문이라고 단정 지어도 될 것이다. 아무도 믿지 못하는 세상이 된 것이다. 이런 세상에서 적은 돈도 아니고 큰돈을 어떻게 전세보증금으로 몇 년간 맡겨야 할까 고민하지 않을 수 없다.

이렇게 많은 집들 중에 작은 왜 내 집이 없을까?
작은 보금자리마저 빼앗기고 나면 나는 어디로 가야 하나?

전세사기는 두 가지가 있다. 하나는 처음부터 속여서 돈을 갈취하려는 사기가 있고, 전세금을 돌려줄 수 없는 어쩔 수 없는 상황이 와서 속일 수밖에 없는 형태가 있다. 전자처럼 속이려고 작정하는 사람은 피해 가기 어렵다. 후자의 경우 집값이 폭락해 시세가 전셋값보다 하락한 경우가 대부분이다.

매매든 전세든 사기를 당하는 핵심요소는 하나뿐이다. 그건 사기꾼들이 그 집의 권리 순서에서 가장 **후순위권으로 밀리게 하는 것이다**. 후순위란 말 그대로 문제가 생겼을 때 돈을 받게 되는 순서에서 맨 꼴찌라는 것이다. 그렇게 후순위로 밀려나게 하기 위해 여러 가지 방법을 만드는 것이 매매 및 전세사기이다.

잔금 치르는 날 사기꾼들은 이중거래를 한다. 이날 등기부등본상에는 아직 세입자나 매매자가 등록이 안 되기 때문에 사기꾼들은 은행에서 대출을 받거나 다른 사람과 이중계약을 하거나 한다. 서류상에 아무 문제가 없기 때문이다. 이런 행위는 여러분을 후순위로 밀리게 만들 것이다. 은행은 전문가들이 상주하기 때문에 언제나 1순위로 앉을 수 있다. 즉 손해 보는 장사는 하지 않는다는 말이다.

다음은 공공기관이나 여러 언론에서 말하는, 전세사기를 피하는 대표적인 방법을 알아보자.

① 전입신고 및 확정일자를 받아야 한다. 제일 중요한 것이다. 대항할 수 있는 기본 조건이다.
② 등기부등본상에 보증발급일 기준 권리침해사항(경매 신청, 압류, 가압류, 가처분, 가등기 등)이 없어야 한다.
③ 주택의 건물과 토지가 모두 임대인의 소유일 것
④ 전입세대 열람하여 보증신청일 기준 타 세대 전입내역이 없을 것
⑤ 전세계약서에서 전세계약기간이 1년 이상으로 하고 공인중개사를 통해 체결한 전세계약일 것

⑥ 건축물대장을 확인하여 건축물대장상 위반건축물로 기재되어
  있지 않을 것

이렇게 여러 가지 조항을 확인하라고 말하고 있지만 사회 초년생
이나 일반인이 이 서류들을 올바로 파악하고 대처하기는 쉽지 않다.
그러나 이 모든 것을 알아서 해 주는 한 가지 방법이 있다. 집을 구할
때 공인중개사에게 말해서 전세보증금반환보증(전세계약 종료 시 임
대인이 임차인에게 반환해야 하는 전세보증금 문제 발생 시 대신 갚
아 주는 보증상품)에 가입 가능한 집으로 찾는 것이다. 필자가 판단
하기에는 이 방법이 그나마 안전하다고 판단된다. 부동산중개인에게
처음부터 전세보증보험이 되는 집을 찾는다고 말하면 알아서 잘 찾
아 준다. 전세보증보험 가입이 안 되면 무조건 피하길 바란다.
  또한, 문제가 있을 경우 은행에서 전세대출이 나오지 않는다
면 문제가 있는 집이라 판단하면 된다. 만약을 대비해서 계약서에
HUG(주택도시보증공사) 전세보증보험의 가입이 안 될 경우 본 계
약은 무효로 하는 특약을 넣어야 한다. HUG 홈페이지에서 최소한
전세사기 대처법을 공부해야 한다. 인생에서 그 무엇보다도 필요한
공부이다. 전세보증보험이 안 되는 빌라, 다가구주택, 오피스텔, 아
파트는 전세로 들어가지 말자. 이유도 궁금해할 필요 없다. 우리가
살면서 복잡한 부동산 법을 다 알 순 없다. 그냥 들어가지 말자.
  마지막으로 임대인의 신상을 파악해 보는 것이 상당히 도움이 된

속이는 기술

다. 임대인이 공무원이라든가, 100대 기업 안에 다니고 있다든가, 교직이나 군인에 몸담고 있다면 사기 칠 확률은 아주 적어진다. 필자는 예전에 이것을 꼭 물어보았다. 대부분 알려 준다. 사원증이나 공무원증도 보여 주고 전화번호도 알려 준다. 확인해 보면 현재 재직 중이라고 말해 준다. 이들은 대부분 명예와 관련되어 있기 때문이다. 하지만 신분을 얼버무리는 사람은 사기 칠 확률이 매우 높다.

다시 한번 말하지만 사기를 피하는 방법을 알려 주고 싶은 것이 아니라 생각을 말하고 싶다. 사기를 피하는 방법은 필자보다 인터넷이나 공공기관에서 더 잘 알려 준다. 피하는 방법을 배운다 하더라도 사기꾼은 새로운 방법으로 속이려 할 테니 마음가짐과 생각으로 무장해야 진화하는 그들의 속임수를 피해 갈 수 있다.

한 사람을 속이기는 쉬워도

두 사람을 속이기는 어렵다.

더 나아가 세 사람을 속이기는 더욱 어렵다.

계약은 혼자서 하지 말자.

중고차 판매의 속임수

여러분이 자동차를 산다는 것은 지금 타는 차가 오래되었기 때문이다. 보통 10년 이상은 되었을 것이다. 10년이면 강산이 여러 번 바뀌는 시대인데 그 당시 차와 지금 차는 얼마나 달라졌을까? 가정 경제 사정이 좋지 않지만 차는 필요하고 지금 타는 차는 고장이 잦고 할 수 없이 새 차를 살 돈이 없어 한 4, 5년 된 중고차를 알아보러 다니게 된다. 그래도 연식이 얼마 안 된 차를 사러 구경이라도 해보자 하는 마음으로 중고차 매매지에 들러 차를 시승해 보면 그때부터 여러분의 눈에 무언가 씌워질 것이다. 왜냐하면 그동안 타고 다니던 차와는 성능과 옵션이 너무 좋아졌기 때문이다. 시승하면 빙판길에 미끄러져 가듯이 부드러움을 느끼게 해 주며, 여러 가지 옵션, 특히 오디오는 다른 세상을 보여 주는 소리를 들려줄 것이다. 딜러들은 당신이 타고 온 차를 보면 스캔이 끝나 버린다. 금액을 예상하고, 보아 두었던 차를 사게 되는 게 아니라, 뭐에 홀린 듯 더 비싼 차를 사게 된다. 물론 허위매물을 내놓고 오면 다른 차를 보여 주며 대놓고 사기를 치는 딜러도 있지만, 대부분 더 좋은 차를 보여 주면서 마음을 흔들어 놓는 술법이 기본이다. 신기한 건 준비한 돈이 모자라도 캐피탈을 연계해 주어 차에 필요한 자금을 마련하고 사게 만든다는 것이다.

중고차 사기 수법은 사실 낯선 것이 아니다. 우리 모두는 한 번쯤 중고거래 사이트에서 당해 본 경험과 비슷하다. 중고거래에서 허위매물을 내놓고 선금을 입금하면 잠적하는 것과 비슷하다. 문제는 '왜 계약금을 입금하는가?'이다. 그것은 물건이 너무 싸서 다른 사람이 먼저 가져갈까 봐 불안해하는 심리를 이용하는 것이다.

중고차 사기 수법은 대표적으로 '허위매물 유인'과 '네다바이'를 들 수 있는데 역시나 소비자의 심리를 이용하는 사기수법이다. 허위매물은 온라인상에 허위 차량을 매우 싼 가격에 올려 소비자를 유인해 계약금을 입금하도록 한다. 왜 소비자가 사진만 보고 입금하는지는 앞에서 말한 것과 같다. 누군가 당신보다 먼저 그 차를 가져갈까 봐 불안해서 입금했을 것이다. 어쨌든 입금한 뒤 정작 방문하면 다른 차를 소개해 준다. 물론 당신이 환불을 요구하면 계약된 것이니 돈을 돌려줄 수 없다고 버틴다. 그것도 험상궂게 생긴 사람이 스포츠머리를 하고 있다면 주눅이 들 수밖에 없다. 여기에서 두 번째 심리가 당신의 목을 잡을 것이다. 그것은 대부분의 사람들은 계약금이 아까워 계약금을 포기하지 못한다. 계약금이 아까워 생각에 없던 차를 딜러들의 말에 홀려 구매하고 만다. 특히나 먼 곳에서 왔다면 낯선 곳에서 힘들어하는 당신의 마음을 이용해 계약하게 만든다. 계약금과 하루라는 시간을 날렸다는 마음은 당신을 나약하게 만들 것이다.

'네다바이(ねたばい)'도 비슷하다. '네다바이'란 남을 교묘하게 속여 돈을 빼앗는 행위를 가리키는 일본어로, 사기 치는 사람들은 자기들끼리 사용하는 은어다. 참 일제통치하에 나쁜 건 다 물려주고 갔다. 고스톱도 일본인들이 물려주고 간 놀음이다. 이처럼 사기 딜러들은 차를 보여 주고 고객과 계약해서 우선 계약금을 받는다. 이후 필요한 서류를 준비하고 차량 점검을 한다며 차를 내주는 것을 차일피일 미룬다. 그사이 차를 또 다른 고객에게 비싸게 팔고 당신에게는 다른 차를 소개해 주는 수법이다. 당신이 따지고 물으면 점검 중에 차가 문제가 있어서 크게 수리해야 한다고 둘러댄다.

당신이 허위매물을 피하는 방법을 아무리 공부하고, 교육받고 가도 어느 순간 머리가 하얗게 변하는 것을 느끼게 될 것이다. 그것은 사기를 당하고 깨닫기까지는 당신의 뇌를 마비시키는 물질이 주입되기 때문이다.

최근 자동차 회사에서 중고차 시장에 진출해 그곳에서 구매하면 큰 문제가 없지만 가격이 일반 중고차시장보다 비쌀 것이 뻔하기 때문에 여러분은 더 저렴한 곳으로 눈길을 돌릴 것이다. 다시 저렴하게 내놓은 중고차에 눈독을 들일 것이다. 인터넷상에 자동차란 검색어만 쳐도 중고자동차 사이트가 수없이 뜨는 것을 볼 수 있다. 원하던 차가 싸게 매물로 나와 있으면 한 번씩 검색해 볼 것이다. 누가 알지도 못하는 당신에게 시세보다 싸게 줄 이유가 있는지 생각해 보아야 한다. 계약금이 중요하다. 계약금을 주는 순간 꼼짝없이 당하게 된다. 그러므로 계약금부터 입금하는 일이 없도록 해야 한다.

신차도 당신의 조급한 심리를 이용하는 속임수를 사용한다. 신차 출고 전 사전계약을 하는데 몇만 대 사전계약이 이루어져 사상 최대라고 말하고 주문해도 몇 달, 몇 년 걸린다고 홍보한다. 믿어서는 안 된다. 실제 뚜껑을 열어 보면 판매대수가 많지 않음을 알게 될 것이다. 구매자는 차가 없을까 봐, 빨리 못 받을까 봐 발을 동동 구르며 "인기차종은 이런 거야" 스스로 말하면서 계약금을 넣고 기다린다. 신차는 결함이 많을 수밖에 없다. 여러분이 생소한 어떤 것을 만든다고 가정하자. 처음 만드는 것을 잘 만들까? 몇 번 만들어 보고 만드는 것을 잘 만들까?

차를 6개월 이상 기다려서 사면 안 된다. 신차가 꾸준히 출시되고 있는데 오랫동안 기다려서 구매하면 그만큼 모델이 중고차가 된다. 당연히 신기술도 들어가지 않고, 뒤처진 기술을 사용한 차가 되고 만다. 중고로 팔아도 연식이 바뀌었기 때문에 제값을 받지 못한다. 그만큼 손실이 발생한다.

이렇듯 중고차든 신차든 당신은 손실을 감수해서는 안 된다. 급할 것이 없다. 당신이 원하는 차는 언제든 당신 손에 넣을 수 있다는 것을 기억해야 한다. 절대로 계약금 입금을 해서는 안 된다. 그리고 혼자 가서는 안 된다. 둘 이상이 가야 홀리지 않는다. 마지막으로 돈을 지불하기 전에 주변에 정비소에 가서 돈을 주고 차량 점검을 받아야 한다. 웬만한 고장과 수리 흔적은 다 잡아낸다. 이렇게 3가지라도 꼭 지켜야 한다.

계 모임은 깨질 염려와 기다려야 하는 순번이 있다.

은행 대출은 깨질 염려가 없고, 기다릴 순번도 없다.

염려하고 기다려야 하는 곳에 당신의 돈을 넣지 말자.

계 모임의 함정

불안한 곳에 당신의 돈을 맡기고 불안이 현실이 되어 당신의 자산을 쪼그라들게 해서는 안 된다.

사람은 모이기만 하면 돈놀이를 한다. 예전부터 우리나라 사람은 품앗이 비슷하게 계 모임을 했다. 특히 중년 여성들이 많이 한다. 미래의 돈을 끌어와서 현재 사용하는 매력이 있지만 함정과 모순이 너무 많다. 은행 대출과 비슷하다. 큰돈을 미리 가져오고 원금과 이자를 내는 방식은 같지만 위험지수는 훨씬 높다. 다시 말해 언제든 해체되고 도주할 위험이 크다는 것이다. 은행은 망할 염려가 적고 파산하더라도 국가가 어느 정도 보증해 주기 때문에 안전하다. 그런데도 왜 계 모임을 할까? 그것은 가까운 까다로운 절차 없이 가까운 지인들과 편하고 쉽게 하기 때문이다. 은행 문턱은 높지만 곗돈은 말만 잘해도 먼저 타서 목돈을 만질 수도 있기에 참여하는 사람이 많다.

계 모임의 방식과 함정을 몇 가지 알아보자.

계 모임 방식은 보통 번호계와 낙찰계가 있다. 번호계는 정해진 순번에 따라 곗돈을 받는 방식이다. 당신의 순번이 앞에 있으면 빨리 목돈을 받을 수 있지만, 이자 수입은 없다. 순번이 뒤로 갈수록 많은 이자 수입을 올릴 수 있지만, 계가 깨질 경우엔 돈을 받지 못하는 위험이 있다. 그러므로 앞 순번은 대출의 개념이고, 뒤 순번은 적금이라고 생각하면 된다. 낙찰계는 매달 일정 금액씩 곗돈을 모은 뒤, 가장 낮은 금액을 받겠다는 사람이 먼저 곗돈을 받아 가는 방법이다. 마찬가지로 앞 순번은 목돈을 먼저 타 가고 이자를 내야 하고, 뒤 순번은 위험을 떠안는 대신 많은 이자 수입을 얻게 된다. 그냥 자기들끼리 만든 작은 은행이라고 생각하면 된다. 위험이 따르는 은행이랄까?

 하지만 문제는 사기당할 위험이 엄청 높다는 것이다. 당신을 포함 주변에서 곗돈을 날렸다는 말을 한 번쯤 들어 봤을 것이다. 계주가 계를 깨고 잠적한 것이다. 계 모임의 돈 관리가 계주 한 명에 의해 관리하다 보니, 사기 칠 위험성이 크다. 계주가 나쁜 마음을 품으면 언제든지 계 모임이 깨지고 계원들은 큰 손실을 보게 될 수 있다. 예를 들어 계주가 첫 순번으로 곗돈 타고 잠적하는 경우와 계주가 모인 곗돈을 마음대로 쓰는 경우가 있다. 그리고 돈 받을 차례가 된 계원이 계주와 짜고 순번을 조작하는 경우도 많다. 이미 계주가 곗돈을 다 사용했다면 돌려막기를 하거나 그것마저 못 하게 되면 도주할 것이다.

 곗돈 사기를 안 당하려면 어떻게 해야 할까? 너무 당연한 이야기지만, 안 하면 된다. 왜냐하면 계주 한 사람을 믿고 돈을 맡기는 것은 당신 인생에서 사람 속마음을 알려고 하는 것과 같다. 누구도 사람 속마음을 모르기 때문이다. 또 하나는 계주가 나쁜 마음을 품지 않아도 계주의 가정에 문제가 생기면 그 돈을 사용하게 되어 있다. 무슨 뜻이냐면 당신이 차를 구매하기 위해 적금을 들기 시작했다고 하자. 어느 정도 목돈이 만들어졌을 때 당신 가정에 큰 애경사가 생기면 적금을 깨고 원래 목적이었던 차를 사는 걸 포기하고 애경사에 돈을 사용하게 된다. 갑자기 자식이 큰 병에 걸리면 병원비로 사용해야 하고, 자녀가 결혼이라도 하게 되면 결혼비에 보태는 데 사용하게 된다. 즉, 계주가 돈을 가지고 있다가 가정에 큰 애경사가 생기면 어쩔 수 없이 사용하게 되어 있다. 그러다가 돌려막기를 하지 못하면 마음이 바뀌는 것이다. 돈이 사람의 마음을 바꾼다는 것을 잊어서는 안 된다.

그래도 계 모임을 하고 싶다면 계 모임 회원들이 모두 권한을 갖는 공동명의 계좌를 개설해서 인출 시 모든 회원의 동의가 조건인 계좌를 만들면 된다. 그럼 계주가 사용할 수 없으니 안심해도 된다. 그러나 이렇게 할 필요가 있을까? 그냥 은행에 적금을 넣거나, 대출을 받는 것이 훨씬 안전하다. 다시 한번 강조하지만 돈은 언제든 사람의 생각과 마음을 순식간에 바꿀 수 있다.

남을 속이는데 손가락질 받는 속임수

침묵

카지노 게임으로 조그만 성공을

경험한 당신의 시작은

모든 것을 다 잃고 실패한 경험담으로 끝날 것이다.

카지노 프로그램의 확률

　카지노에 있는 수많은 게임 중에 하나는 반드시 당신의 마음을 빼앗게 되어 있다. 자빌적 억제를 습득하지 못한 당신은 가정자산이 쪼그라드는 것을 떠나서 인생마저 나락으로 가게 해서는 안 된다. 이것은 매우 중요하다.

　카지노와 주식의 공통점이 하나 있다. 그건 처음 이 시장에 발을 디딜 때 돈을 따는 사람은 행운이 아니라 인생 나락으로 가는 미끼를 물었다는 것이다. 처음에 손실을 보는 사람은 재수가 없다고 하며 손을 뗀다. 하지만 그것은 불운이 아니라 천만다행인 행운인 것이다.

　처음에 이득을 본 사람의 머릿속에는 희망회로가 그려지고, 자신이 행운아라고 생각하며 이렇게 쉽게 돈을 벌 수 있다는 돈맛이 뇌속에 강하게 저장된다. 이 저장장치는 도박에서 손을 뗄 수 없도록 당신의 손을 조종할 것이다. 이런 저장장치를 의사들은 도파민이라고도 한다. 필자는 여행을 갔다가 호기심에 10만 원 정도만 해 보자고 마음먹고 카지노에 들어갔는데 자리가 없어서 그냥 구경만 하다가 나왔다. 정말 이상했던 것은 게임하는 사람들 눈의 초점이 정상이 아니라는 것과 군대에서 느꼈던 이상한 공기 기운을 카지노에서 두 ㄴ꼈다는 것이다. 그런 기운이 돌면 필자는 자리를 뜬다. 필자만 이런 느낌인지 당신도 카지노에 가서 게임기만 보지 말고 사람들의 눈빛을 꼭 보기 바란다.

카지노 도박은 속이지만 않는다면 해 볼 만한 확률게임이다. 우리가 수학에서 배웠던 확률과 같다. 홀짝처럼 50%의 확률이라면 필자는 해 보라고 권하고 싶다. 그렇게 정직하게 기계를 만든다면 카지노회사는 다 망했을 것이다. 카지노기계는 확률상 개인이 돈을 딸 수 없게 프로그래밍되어 있다. 하면 할수록 결국은 잃게 되어 있다. 만약 당신이 처음 했는데 돈을 땄다면 그건 벌 확률 10% 세팅에 들어갔을 뿐이다. 또 하게 되면 결국은 다 잃게 되어 있다.

요즘은 원격으로 기계를 조작할 수도 있다. 당신이 카지노 도박에 빠지게 하기 위해서 처음에 돈을 따도록 조정한다. 즉, 당신의 머릿속에 돈맛을 저장시키는 방법이다. 만약 당신이 룰렛을 돌려서 10배를 땄다면 평생 잊지 못할 것이다. 좋아서 방방 뛸 것이고, 입에서는 환호성을 지르고, 심장박동은 빨라지고, 눈에 뭐가 씐 듯 세상이 휘어져 보일 것이다. 그것은 당신의 모든 재산을 탕진하면서 눈물을 흘릴 때야 벗겨질 것이다.

인터넷이 세상을 하나로 묶으면서 도박장은 당신의 가장 가까운 스마트폰 안으로 들어왔다. 몇 분이면 가입해서 바로 도박을 할 수 있다. 가장 강력한 바카라 게임을 보자. 예전에 친구들과 혹은 식구들과 가끔 했던 홀짝 게임과 비슷하다. 확률이 50%인 것도 비슷하다. 홀 아니면 짝이다. 다만 카드를 가지고 한다는 것만 다를 뿐이

속이는 기술

다. 카지노에 가야만 할 수 있었던 바카라 게임이 당신의 핸드폰 안에 들어와 있다.

필자는 어떤 곳에 투자를 할 때 기다리는 시간이 없는 투자는 투기 또는 도박으로 본다. 기다리지 못하는 사람의 심리를 이용하는 것이 도박꾼들의 속임수이다. 바카라가 왜 위험하냐면 한 게임당 10초 정도밖에 걸리지 않는다는 것이다. 홀짝 게임을 할 때 한 게임이 시작하고 끝나는 데는 10초도 걸리지 않는다. 결과가 빨리 나오기 때문에 중독성이 매우 강해지는 것이다. 10초마다 당신의 투자결과가 나온다고 생각하면 된다. 예전 세대에서는 투자를 하면 기다려야 한다는 생각이 지배적이었다. 하지만 지금 세상은 당장 결과를 보길 원한다. 이렇게 10초 만에 바카라 게임으로 10배의 수익을 올렸다고 해 보자. 만 원으로 10초 만에 10만 원을 벌었다고 가정해 보자. 1분이면 60초이니 6번 다 먹으면 만 원이 60만 원이 된다. 이런 투자수익을 보는 순간 당신의 인생은 끝난 것이다. 절대로 헤어나오지 못하는 칩이 머리에 박힐 것이다.

간단히 바카라의 속임수를 보자. 앞부분에서 당신은 마술의 속임수를 읽어 보았을 것이다. 마술사가 속이는 마술을 당신이 눈치채지 못하듯 바카라에서 카드를 조작하는 것을 당신은 눈치채지 못할 것이다. 즉, 카지노 딜러는 언제든 카드를 바꿀 수 있다는 뜻이다. 다시 말해 50%의 승률 게임이 아니라는 것이다. 무서운 것은 가진 돈만 있는 것이 아니라 투자금을 더 가져와서 전 재산을 잃는 경우기 허다하다. 그것은 처음에 당신의 머릿속에 박힌 도파민 칩 즉 희망 회로 때문이다.

핸드폰이나 PC에 도박프로그램을 언제든 쉽게 설치하고 할 수 있는 조건 때문에 어른이나 심지어 학생들까지도 무분별하게 빠져들고 있다. 다단계처럼 게임에 가입시키면 돈을 주는 들러리(행동대장)들도 허다하다. 특히나 학창 시절 머릿속에 박힌 도박은 평생 괴롭히며 따라다닐 것이다. 당신의 자녀를 잘 관찰해야 한다. 성인이 아닌 어린이들과 청소년은 숏폼(short-form: 짧은 자극적인 영상)을 받아들이지 못한다. 뇌가 적응을 못 한다는 것이다. 전두엽이 파괴되는 것이다. 전두엽은 어른이 되어서야 완성되기 때문이다. 당신의 자녀가 인터넷으로 바카라 게임을 하게 된다면 일반 게임이나 영상보다 수십 배는 더 파괴를 가져올 것이다. 그것은 돈이 걸려 있어 엄청난 집중력을 가지고 하는 도박이기 때문이다. 어릴 때 한번 손상된 전두엽은 평생 자녀의 삶을 괴롭힐 것이다.

개인적으로 국가가 해 주길 바라는 것들 중에 하나가 도박 예방이다. 어떤 도박이든 개인의 총 재산에서 10% 이상을 투자하지 못하게 법으로 만들어야 한다. 예를 들어 카지노나 경마장에 입장할 때 개인의 금융자산을 확인하여 10% 이상 사용 시 입장을 금지하고, 주식투자금도 자산의 30% 이상을 입금하지 못하게 만들어야 한다. 자발적 억압을 못 하는 개인이 자살까지 가도록 방관하는 것은 살인을 방관하는 것과 같다. 국세가 줄어들 것이 두려워 시행하지 않겠

속이는 기술

지만 바람일 뿐이다.

　카지노에 빠져서 전 재산을 탕진하고 삶을 포기하는 단계까지도 가는 경우가 많다. 뒤 편에서 말하겠지만 절대 삶을 포기해서는 안 된다. 당신이 재산을 탕진한 것은 당신 자신의 잘못이 아니다. 인간은 스스로 그런 도박의 심리를 이길 수 없게 되어 있다. 그러니 자책하지 말자. 당신이 재산을 다 탕진하고 빚도 많다고 해서 당신이 스스로 느끼는 좌절과 스트레스 외에는 누구도 당신을 때리거나 가해를 할 사람은 없다. 그냥 좀 욕만 얻어먹을 뿐이다. 필자는 새로운 인생을 살 절호의 기회라고 생각한다. 그냥 수긍하고 하라는 대로 하길 바란다. 판사가 옥살이 시키면 하고, 언제까지 갚으라고 하면 그렇게 하고, 가정에서 이혼하자고 하면 하자. 옥살이했다고 해서 살아가는 데 전혀 지장이 없다. 북한의 아오지 탄광처럼 배고픔과 폭력과 극심한 추위에 떨어 본 적이 없는 당신은 삶을 포기할 이유가 전혀 없다. 결과가 끝나면 작은 돈을 챙겨 동남아 후진국에서 몇 주만 살다 오길 바란다. 여행으로 가지 말고 한 집에 숙박하며 같이 일을 해 보길 바란다. 돈이 없어도 행복하게 살아가는 사람들을 찾아본다면 생각이 달라질 것이다. 당신은 반드시 다시 일어서게 될 것이다.

왜곡된 주식시장에서

주가를 움직이는 것은 기업의 가치가 아니라

탐욕과 공포다.

세력은 탐욕의 먹이를 주어 개미를 끌어모으고,

공포의 먹이를 주어 개미를 떨군다.

수없이 많은 투자기법과 사기, 조작이 이루어지는 주식시장

열 개 가진 사람은 한 개 가진 사람 것까지 빼앗으려고 하고, 한 개 가진 사람은 그것마저 빼앗길 것이다. 달랑 한 개 가진 여러분의 가정자산을 비뚤어진 주식시장에 빼앗겨서는 안 된다.

주가심리 : 주가가 1,000원에도 안 사던 사람이 10,000원으로 오르자 매수하는 이유를 알 수가 없다.

예전에는 기업을 보고 가치를 판단하여 투자하는 사람이 많았는데, 인터넷으로 온 세상을 하나로 묶는 세대가 되면서 가치투자보다 빠른 시간에 수익을 결정지을 수 있는 홈트레이딩과 코인투자가 흥행하고 있다. 내가 아는 사람은 주식에 중독이 되어서 낮에는 한국 주식 코스피, 코스닥을 하고 저녁에는 미국주식인 다우나 나스닥에서 단타를 치고 장이 열리지 않는 휴일에는 코인을 한다고 했다. 주식투자에서 수익이 나면 양도소득세를 내야 한다. 이 세금통계를 보면 투자자의 수익률을 알 수 있다. 22년도 기준 500만 주식투자자 중에서 70%는 손실이고 20% 정도는 본전이고, 5% 정도는 2,000만 원 정도 수익이고, 나머지 5%가 2,000만 원 이상의 수익이다.

그렇다면 확률적으로 당신이 주식투자해서 돈을 벌 확률은 10% 정도이다. 어떤 도박의 수익률이 10%고 손실확률이 70%라면 당신은 투자하겠는가? 당신은 10%에 들어갈 수 있는가?

그러면 주식투자에서 왜 개미들이 손해를 볼까? 투자자 70%가 손실을 본다는 것은 주식시장을 모르기 때문이다. 다시 말해 무지하다는 것이다. 무지한데 주식시장에 들어온다는 것은 자신이 무지하다고 생각하지 않기 때문인 이유가 가장 크다. 이런 현상을 전문용어로 이를 '더닝-크루거(Dunning-Kruger)' 효과라고 한다. 어떤 분야에 경험이 없고 숙련되지 않은 개인이 자신의 능력을 잘못 판단해 과대평가하는 경향이 있고, 반대로 숙련자는 자신의 능력을 과소평가하는 경향이 있다. 즉 싸움의 고수는 언제나 조용하지만 하수는 떠들어 대는 것과 같다. 이와 관련된 개미투자자 유머가 있다.

① 하수개미(주린이): 손실이 훨씬 많은데 수익 난 것만 이야기하고 다닌다.
② 중수개미: 손실 난 것도 가끔 이야기한다.
③ 고수개미: 침묵하거나 반대로 리딩방을 만들어 떠든다. 너무 잃어서 주식을 모르겠다고 생각하고, 주식리딩방에서 떠들어 대니 다른 개미들이 믿고 투자한다.

개인들이 주식시장에 뛰어드는 이유는 왜곡된 투자자들이 주변과 온라인에 널려 있기 때문이다. 주변 지인들을 보면 자기가 수익 난 것만 이야기한다. 손실 난 것은 이야기 안 한다. 개인방송을 보면 하루에 얼마를 벌고, 한 달에 수천, 수억을 벌었다는 내용이 난무한다.

매달 수익금을 공개할 사람이 몇이나 되며 매달 수익이 나는 사람은 몇이나 될까? 극히 드물다. 그런데도 자기도 대박 난 사람처럼 될 것 같고, 옆에서 벌었다는 이야기를 들으면 주식시장에 발을 안 들여놓을 수 없게 된다. 특히 대세 상승장에서는 누구나 수익이 나기 때문에 모두들 뛰어들고 만다. 자신의 실력과 정보를 알지 못한 상태에서 매수를 하게 된다. 그리고 잠시 수익이 날 것이다. 고기가 미끼를 문 것이다. 결국 생선처럼 미끼를 물 때 맛을 본 게 마지막이고 걸려들어 죽는 물고기와 같다. 당신은 어린아이고 주식시장은 UFC 프로선수라고 생각해 보자. 어린아이가 아무리 노력하고, 열심히 한다고 해도 UFC 선수를 이길 수 없다. 처음부터 이길 수 없는 싸움이다.

그럼 손실이 왜 일어나는지 알아보자. 앞서 말한 것처럼 정보 부족도 있겠지만 큰손들이 속임수를 쓰기 때문이다. 수없이 많은 속임수들이 있겠지만 가장 크게 하는 수법이 공시자료 조작이다. 미리 선취매(매수)해 놓고 정보를 흘려 고점에서 개인투자자한테 물량을 다 넘기고 먹튀한다. 이 방법은 항상 먹힌다. 한 번도 세력이 실패하는 것을 본 적이 없다. 최근에는 금융감독원의 감시가 심하자 가짜 뉴스를 조작하는데 걸려도 피할 수 있는 뉴스를 만들어 댄다. 예를 들어 공시내용 중에 주가를 띄우기 위한 내용만 골라 뉴스를 보도한다. 거짓말은 아니기에 금감원에 걸리지 않는다.

뒤 편에서도 다루겠지만 전자공시시스템(DART)의 내용을 가져와 개인들이 홀릴 것 같은 내용만 띄운다. 이런 내용의 공시가 있다. 'ㅇㅇㅇ회사 꿈의 물질 개발 중에 있다.' 개발했다는 뜻일까? 아직 안 했다는 뜻이다. 그런데 개인들은 저런 공시만 봐도 확대 해석해 저 기업이 개발하면 매출이 엄청 오르고 주식도 엄청 오를 거란 심리에 매수에 손이 가는 실수를 범하게 된다. 'FDA승인 1상 신청 중이다.' 이 말은 승인 난 게 아닌데도 뉴스를 띄운 것이다. FDA승인은 1상에서 3상까지 가야 제품 판매인데 평균 3상까지는 10년 이상 걸린다. 그렇다면 10년 동안 아무 매출이 없는데 매수해야 할 이유가 될까? 특히나 단타하는 개인이 10년을 기다릴 리 만무하다. 특히 MOU(양해각서 체결)란 '정식계약 체결에 앞서 행하는 문서계약'인데도 이 뉴스만 나오면 호재라고 판단하고 주가가 요동친다. '어느 대기업과 계약하게 될 것 같다' 등등 법망을 피해 가며 속이는 뉴스는 얼마든지 만들어 댄다.

기본적으로 공시뉴스를 해석할 때 뭉뚱그려 하는 내용은 믿지 말자. 수치로 정확하게 공시하는 것만 믿어야 한다. 문구를 정확히 보자. '~일 것 같다, 기대된다, 조만간 될 것 같다' 등등 이런 모호한 문장은 걸러야 한다.

특히 투자자들의 심리 중에 매수한 종목은 좋게 보는 경향이 있다. 다시 말해 매수하기 전 판단과 매수한 상태의 판단은 심리적으로 다르다는 것이다. 매수한 종목은 찌라시 뉴스에도 안심하고 좋아하게 된다.

속이는 기술

큰돈을 가지고 하는 세력(외국인, 기관, 큰손)은 개미투자자를 품에 안고 상승시키는 일이 절대 없다.

우선 속임의 대상이 되는 사람은 단타(데이트레이딩)와 스윙을 하는 사람이 목표다. 큰손들과 기관 그리고 악독한 외국인들이 개인들의 돈을 빼앗아 가는 데 여러 가지 수법을 동원한다.

예전에 시골에 살 때 처음 전기가 들어왔다. 여름 밤이면 전구에서 나오는 빛을 보고 나방들이 몰려들어 빙빙 돌다가 힘에 지쳐 떨어져 죽곤 했다. 나방들은 불꽃만 바라보고 달려든다. 주식시장에서 큰손들이 전구를 만든다. 더 빛나게, 더 빛나게 그리고 개미들이 달려들면 다 잡아먹는다. 신기하게도 그때가 최고점 상투였다. 차트에 쓰여 있다. 어느 종목이 끝없이 상승하다 최고 거래대금과 최고 거래량이 터지고, 장대음봉이 나오는 날이 상투이고 개미들이 가장 많이 산 날이고, 그날이 끝이었다.

세상에서 가장 주식을 잘하는 사람이 여러 명 있다. 그래 봤자 일 년에 20~30% 정도밖에 수익을 내지 못한다. 한 달에 홈트레이딩으로 100% 수익을 낼 때도 있는 당신은 왜 버핏보다 알려지지 않는 것일까? 버핏은 가치투자로 수십 년간 꾸준한 수익을 내고, 당신은 벌다, 잃다를 반복하다 잃기 때문이다.

대부분 투자자는 자신이 평균 시장 수익률을 앞설 수 있다고 생각하면서 가장 오를 것 같은 종목을 고르고, 매수의 최적 시기를 파악한다. 그러나 대부분 매수하자마자 손실을 보는 경우가 많을 것이다.

손실을 보는 가장 큰 이유는 기다릴 수 없는 사람의 심리 때문이다. 빨리 사고 팔고, 매수하고 매도하는 것이 더 재미있고, 투자보다 베팅에 가까운 그런 행위에서 수익을 본 스릴은 잊히지 않기 때문이다.

이제 필자가 알고 있는 수익률 100%의 방법을 소개하겠다. 투자의 선택은 당신에게 달려 있다. 그것은 5~10년 주기로 찾아오는 국가적 위기다. 안 좋은 일이긴 하지만 위기는 기회라는 말이 잘 맞는 게 주식시장이다. 과거의 흐름을 통해 미래를 예측할 수 있다.

IMF 외환위기

국가부도 직전까지 가서 IMF(국제통화기금)에 약 550억 달러를 지원받았던 1997년 11월의 주식시장 주가는 거의 헐값이었다. 기억하건대 1998년 S전자 주가는 3만 원 초반까지 밀렸다. 그날을 필자는 정확히 기억하고 있다. 3만 원이면 정말 싸다고 생각했지만 매수하지 못했다. 투자금도 없었을뿐더러 대기업이라 생각하는 회사들이 잇따라 부도가 낫기에 망할지도 모른다는 생각이 앞섰기 때문이다. 결국 S전자는 지속적인 성장을 하여 50 대 1로 액면분할가지 전 최고 가격은 480만 원까지 올랐다. IMF 당시 매수하여 최고가에 팔았다면 160배의 수익률이다. 쉽게 말해 천만 원어치 샀으면 16억이 된 셈이다. 최저점에 사서 최고가에 팔 사람은 거의 없겠지만 아무리 못해도 수십 배의 이익을 남겼을 것이다. 다른 주식도 마찬가지

속이는 기술

였다. 필자가 기억하기로 100원까지 내려왔던 주식이 10,000원까지 오르는 것을 보았다. 살아남은 회사는 대부분 수십 배 가까이 상승했다.

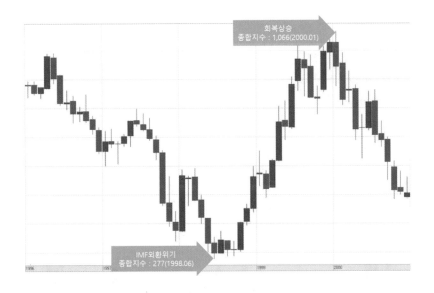

IMF 외환위기 종합주가지수는 1998년 6월에 최저 277포인트에서 회복하여 2000년 1월에 1,066포인트까지 상승했다.

9.11 테러

누구에게는 엄청난 비극이었지만, 기회가 되었던 2001년 9.11 테러 때의 주식시장 변화를 알아보자. 9.11 테러 다음 날인 9월 12일 한국 주식시장은 아비규환이었다. 종합주가지수와 코스닥은 약 12%

씩 하락하였고, 거래소 하한가 621종목, 코스닥 하한가 591종목이었다. 이런 하한가는 살면서 처음 보는 하한가였다. 하지만 미국의 연중의장은 경제적 파급을 수습하기 위하여 기준금리를 연달아 인하했고, 서서히 충격에서 벗어나 냉정을 찾은 주식시장은 10월부터 본격적인 상승을 하여 그리 오랜 기간도 아닌 다음 해 봄에 거의 100% 상승하는 모습을 보여 주었다. 극단적인 기회를 거꾸로 생각한 사람에게 주어지는 기회였다.

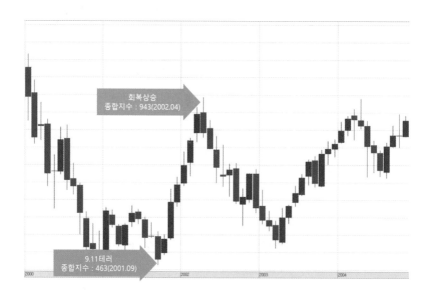

9.11 테러 종합주가지수는 2001년 9월에 최저 463포인트에서 회복하여 2002년 4월에 943포인트까지 상승했다.

속이는 기술

리먼브라더스 사태

2008년 9월에 발생한 글로벌 투자은행 리먼브라더스 파산으로 전 세계 금융위기를 초래한 사건이다.

리먼브라더스 은행의 파산 이유는 부동산 버블과 부실대출, 복잡한 파생상품, 유동성 부족 등 일반인들에게 생소하고 경제용어라 어렵게 들리고 그래서 우리는 알 필요 없지만 한 가지는 우리가 알고 넘어가야 할 것이 있다. 부동산 부실대출이다. 그 당시 미국의 집값은 우리나라처럼 불패신화 그 자체였다. 멈출 줄 모르고 상승했고, 사람들의 욕망은 우리나라 영끌족처럼 극에 달했으며, 너도 나도 집을 구매하려고 줄을 섰다. 그렇게 은행은 대출을 통해서 이자수입을 극대화하려고 했고, 언젠가는 집값이 하락할 것이라는 것을 알지 못했고 결국 집값이 하락해 서브프라임모기지 사태가 발생했다. 다시 말해 집만 있다면 아무에게나 대출해 주었고, 집값 하락으로 채무불이행이 급격히 늘어난 것이다. 우리가 주의해서 교훈 삼아야 할 것은 우리나라도 집값이 크게 하락하면 이와 비슷한 길을 걷게 된다는 것이다. 이제 어려운 경제는 그만하고 쉽게 말해 파산으로 주식시장에 큰 타격을 주어서 주가가 큰 폭으로 하락했다는 것이다. 이렇게 무너져 가는 금융시장을 그냥 놔둘 리 없다. 수없이 많은 대책을 내놓고 조치를 취하게 될 것이다. 결국 그렇게 되었다.

리먼브라더스 사태 때문에 세계적인 금융위기가 발생했고 수많은 기업과 은행 증권사들이 파산하고 문을 닫았다. 또한, 정말 많은 사람들이 자살로 목숨을 끊었다. 하지만 시장을 관찰하며 하락이 온다는 것을 대비하며 현금을 차곡차곡 모은 사람에게는 인생에 다시는 오지 않을 저점을 확인할 수 있는 절호의 기회였다.

2008년 10월에 종합주가지수는 938을 찍고 3년 만에 2,300포인트까지 상승했다.

리먼브라더스 사태 종합주가지수는 2008년 10월에 최저 692포인트에서 회복하여 2011년 4월에 2,231포인트까지 상승했다.

속이는 기술

코로나19 사태의 악재에 의한 주가지수 폭락

2019년 12월 중국 후베이(湖北)성 우한(武漢)시에서 시작된 원인불명의 폐렴이 집단 발병하면서 번져 나간 사태다. 이후 중국 전역과 주변 국가 그리고 아시아, 북미, 유럽 등 전 세계적으로 확산되었다. 세계보건기구(WHO)는 2020년 1월 코로나19에 대해 공중보건 비상사태를 선포하고, 3월에는 사상 세 번째로 팬데믹 (PANDEMIC: 세계보건기구가 선포하는 감염병 최고 위험단계)을 선포했다. 이런 공포 속에서 그리고 거리두기의 삶을 3년 정도 살다가 2023년 5월 비상사태를 해제했다.

2020년 3월 9일 증시가 크게 하락해 "검은 월요일"로 불렸고, 3월 12일 다시 크게 하락해 "검은 목요일"로 불렸다. 그달에 종합주가지수는 1,439까지 빠졌다. 그리고 코로나19가 해제되면서 주가는 3,300까지 두 배 넘게 상승했다.

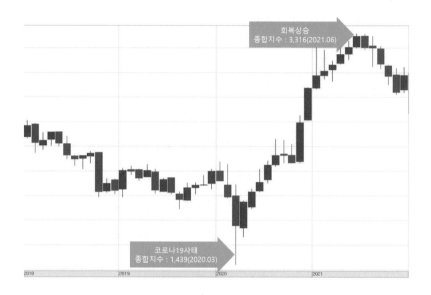

코로나19 사태 종합주가지수는 2020년 3월에 최저 1,439포인트에서 회복하여 2021년 6월에 3,316포인트까지 상승했다.

이렇게 커다란 위기는 언제나 회복되었고 언제나 수익을 안겨다 주었다. 이 방법이 틀리게 된다면 그것은 국가부도다. 같이 망한다는 뜻이다. 국가가 망하거나 세상이 망하면 당신의 빚도 사라진다. 그러니 투자해 볼 만한 가치가 있다.

몇 년에 한 번 찾아오는 투자기회를 기다릴 수 없다면 두 가지 투자 방법이 있다

첫째는 신규상장주 공모 참여다. 경쟁률 때문에 배당 받을 주식수가 적지만 그래도 확실한 수익이다. 상장 당일 거의 모든 신규주식

속이는 기술

은 강한 상승을 보여 주고 많게는 당일 400%까지 상승할 수 있다. 공모주 참여를 위해서 큰돈을 맡겨야 하는 번거로움이 있지만 증권회사에 3일만 예치했다가 배당 받지 못한 금액은 바로 돌려받는 구조이기 때문에 전혀 위험하지 않다. 매달 10종목 정도는 꾸준히 상장하기 때문에 1억만 투자하면 매달 100만 원의 수익을 꾸준히 낼 수 있다.

둘째는 1년에 한 번 정도 찾아오는 매수신호가 있다. 그것은 신용잔고추이다. 신용잔고란 투자자가 증권회사에 돈을 빌려 투자하는 기한부 부채금액이다. 즉 부채를 가득 안고 매수하는 것과 같다. 외인이나 기관투자자 그리고 큰손(세력)의 입장에서는 돈을 잔뜩 빌려 주식을 매수한 개인들과 함께 주식을 상승시켜 부자로 만들어 줄 생각이 전혀 없다는 것을 알아야 한다. 그래서 신용잔고가 많아지면 (개인이 돈을 잔뜩 빌려 매수) 주가를 폭락시킨다. 그러면 빚으로 매수한 개인투자자는 큰 손실을 보게 되고 어쩔 수 없이 매도하거나 증권사에서 자동으로 반대매매가 들어간다. 그렇게 개인이 겁에 질려 다 매도하는 시점(신용잔고가 줄어듦)에 매수하여 주가를 끌어올린다. 그래서 주가가 상승장이 오면 개인들은 다시 돈을 빌려와 고점에서 매수한다. 이런 시소게임은 변함없이 반복되고 있다.

그럼 신용잔고추이를 표로 살펴보자.

종합주가지수	신용잔고추이 (단위 : 억)
2,614.30	174,294
2,568.55	172,853
2,566.86	173,311
2,521.76	172,045
2,495.66	171,372
2,496.63	170,859
2,421.62	167,507
2,443.96	166,039
2,502.37	165,767
2,368.34	166,248
2,343.12	167,999
2,495.76	201,202
2,508.13	202,100
2,514.97	202,308
2,559.74	201,989
2,525.64	205,041
2,570.87	204,697
2,591.26	203,437
2,601.56	203,738
2,605.12	203,733
2,573.98	204,323
2,580.71	203,448
2,602.80	203,188
2,605.39	201,933

표를 보면 신용잔고가 20조가 넘어가자 주가가 하락하기 시작한다. 주가가 하락하자 신용잔고가 16조까지 줄어드는 것이 확인된다. 개인들이 4조 정도 투매하자 다시 주가를 올리기 시작한다. 자, 그럼 언제 매수해야 하는지 보일 것이다. 데이터분석 결과 1년에 한두 번 신용잔고 투매가 나온다. 신용잔고 고점대비 5조 이상 줄어들면 우량주 상위 10개 종목을 분할 매수하면 된다. 앞의 예를 들면 16조까지 내려왔을 때 투자금액의 30% 매수, 15조까지 내려오면 다시 30% 매수, 14조까지 내려오면 나머지 40%를 매수하면 된다. 그리고 기다리면 된다. 이 방법은 언제나 확실한 수익을 줄 것이다. 매년

속이는 기술

한두 번만 투자하면 된다. 당신은 주식수익률 상위 10% 안에 들어갈 것이다.

주식 리딩방에 속아서 큰돈을 보내서는 안 된다

송금하는 순간 돌려받을 확률은 없다고 생각하면 된다. 대표적인 수법이 어느 특정 종목을 지정해 주고 내일 그 종목이 급등할 것이니 매수하라고 문자나 톡이 온다. 당연히 당신은 믿지 않을 것이다. 그런데 다음 날 보니 추천 종목이 급등했다. 어쩌다 맞춘 것이라 생각하고 별 탐탁치 않게 생각한다. 그런데 다음 날 또 문자가 온다. 같은 방식으로 종목을 추천해 준다. 그런데 다음 날 그 종목이 시작하자마자 날아간다. 그렇게 일주일 정도 맞추면 당신은 그 사람의 카페에 가입하고 싶어질 것이다. 처음부터 추천종목을 매수했으면 지금 큰돈을 벌었을 텐데 하는 아쉬움을 품은 채 카페에 가입하니 많은 사람이 대화를 하고 정보를 주고받는 내용이 보인다. 그리고 상단에 종목을 추천해 준 리딩트레이너의 프로필과 경력이 보인다. 투자수익률대회 몇 회 우승이라고 적혀 있고 상패도 보인다. 깔끔한 양복에 믿음직스러운 얼굴일 것이다. 그 사람은 종목 추천 대가로 월 몇백의 회비를 요구한다. 큰돈이라 생각하고 망설이지만 주변 사람들이 추천종목으로 수천을 벌었다는 말과 계좌 공개를 보고는 회비를 내게 된다. 하지만 당신이 사면 안 된다는 것을 금세 체험하게 될 것이다.

자, 여기서 카페방장은 어떻게 다음 날 상승종목을 알고 있었을까? 그것은 간단하다. 항상 추천종목이 장 끝나고 18시 이후에 문자로 올 것이다. 그는 시간외 강한 상승종목을 보내 주는 것뿐이다. 시간외단일가거래는 16시부터 10분 단위로 18시까지 거래된다. 상한가와 하한가 등락폭이 10%씩이다. 기억해야 할 것은 시간외거래에서 적은 금액으로 상한가를 만드는 것은 세력이 다음 날 개인들을 속여 물량을 팔아먹기 위한 수법이 많다는 것이다. 당연히 다음 날 급등해서 출발한다. 당신은 꽤 고가에서 매수해야 하는 상황이 오고 만다. 그럼에도 추천종목이니 고가에라도 매수한다면 그대로 물리게 될 것이다. 회비로 돈 날리고, 매수한 종목이 급락해서 손실을 보고 이중으로 손해 본다.

이 속임수의 모순을 알아보자. 세력이 다음 날 팔아먹기 위해 시간외단일가에서 폭등을 시켜 놓았는데 다음 날 생각지도 않게 개인들의 매수가 엄청 들어온다고 가정하자. 리딩방에 가입한 회원수가 100명 정도 되고 추천종목을 다음 날 아침 매수하기 위해 천만 원씩만 주문을 걸어도 10억이다. 세력은 더 올려서 개인들이 따라 붙을 때 매도하려고 하는데 갑자기 시작하자마자 개인 매수가 밀려들어오는 것을 보면 이게 웬 떡이냐 하고 팔아 치울 것이다. 그러면 당신은 폭락을 맛보게 될 것이다.

진정한 고수는 절대 자기 비법을, 자기가 매수한 종목을 발설하지 않는다. 혼자 먹어도 모자란데 왜 당신에게 알려 주겠는가. 당신이 반대로 생각해 보길 바란다. 개인들을 모아서 회비를 받고, 강의하고, 알려 주고 귀찮게 할 필요가 있을까? 그냥 매일매일 혼자 먹기에도 바쁜데, 넘쳐나는데 그런 카페를, 리딩방을 만들 이유가 없다. 당신이 리딩방에 속는 이유도 리딩방카페에서 활동하는 바람잡이 때문이다. 그들은 리딩방장이 따라 하라고 했더니 몇 배의 수익을 낼 수 있었다고 계좌를 공개하면서 자랑한다. 또 속는 것이다. 요즘 사기꾼들의 기술은 당신이 생각하는 것보다 훨씬 진보되어 있다. 그들은 증권거래소나 증권사의 HTS(홈트레이딩), 가상화폐거래소, 해외선물 등 모든 것을 가짜로 만들어 실제화면처럼 조작할 수 있다는 것을 명심해야 한다. 그들의 수익률은 모두 조작한 것이다. 당신이 돈을 송금하는 곳은 정식으로 등록된 거래소가 아닌 가상 화면일 확률이 크다. 항상 당신의 돈을 잘 모르는 곳에 이체해서는 안 된다.

존댓말도 없는 허술해 보이는 외국인을 무시하지 말자.

그들이 다단계를 만든 시초다.

그들이 주식시장에서 가져가듯,

다단계 네트워크판매 방식을 통해

우리의 돈을 다 가져간다.

다단계의 변하지 않는 속임수

다단계는 당신의 돈만 가져가는 게 아니라 당신의 육체노동력까지 다 가져간다. 이런 속임수에 당신의 경제적, 육체적 자산을 잃어버려서는 안 된다.

다단계회사는 당신이 새로운 회원이 가입하면 2년짜리 희생양으로 본다. 새로 가입하는 회원의 수명을 2년 정도로 본다는 것이다. 죽으라고 헌신하다 속았구나, 안 되는구나 하고 나가기까지의 기간이 2년이라는 것이다. 그들은 지쳐서 나가더라도 전혀 걱정하지 않는다. 새로운 회원이 또 들어와서 그 역할을 하기 때문이다. 물론 2년 이상 하는 회원들도 있다. 그들은 아직도 속았다는 것을 모르고 있을 뿐이다.

다단계에 속아 넘어가는 가장 큰 이유는 카지노나 로또나 주식이나 비슷하다. 다단계 교육을 받으러 가면 칼같이 다려진 양복을 입고, 머리에는 비싼 무스에 윤기가 반질반질하며, 네 번째 손가락에 두꺼운 금반지 그리고 금시계를 차고 광이 반짝이는 구두 소리를 내며 단상에 오르는 금배지(다단계로 성공한 사람에게 주어지는 최고 단계) 회원이 와서 강의하는 것을 보게 될 것이다. 그리고 자신의 통장에 입금된 금액을 보여 주고 매달 하위회원(자기 밑으로 가입한 회원)들의 판매로부터 들어오는 수익금을 보여 준다. 그는 자신 있게 회의장 ATM기에서 거액을 인출하며 자랑한다. 그 돈으로 모인 사람들에게 고급 식사도 대접하고 선물도 준다. 그런 과정을 바라보는 회원들의 눈은 이미 자신도 그렇게 될 수 있다는 신념으로 뇌가 프로그래밍되어 버린다. 필자는 언제나 이런 프로그램을 희망회로라고 말할 것이다.

주변에서 주식으로 대박 친 사람을 보거나, 카지노에서 대박을 터뜨리거나 로또에 당첨된 사람을 보면 자신도 그렇게 될 거라고 생각하는 것과 비슷하다. 그러나 생각해 보라. 로또 1등 당첨된 사람이 다음 주부터 1등 당첨되는 방법을 알려 주겠다고 교육하는 것과 같다. 당신은 그 교육에 참석하는 것과 같다.

예전에 아는 지인에 끌려 주네트워크라는 다단계회사가 주최하는 교육장으로 떠밀리듯 참석하게 되었는데, 놀라운 광경을 목격하게 되었다. 대학생부터 노인들까지 500석의 꽉 찬 자리에서 단 한 명도 졸지 않고 사기꾼 강사의 거짓말을 진실인 듯 듣고 있었다. 그들의 반짝거리는 눈빛을 지금도 잊을 수 없다. 필자는 수많은 강연을 받아 봤지만 졸지 않는 강의를 본 적이 없었다. 강사는 조만간 자기 회사가 삼성전자를 앞지를 것이라고 말했다. 거짓말이라는 것과 상식적으로 생각해 봐도 말이 안 되는 것을 나만 생각하고 있었다는 듯이 다른 사람들은 믿음에 찬 눈빛으로 듣고 있었다. 그 자리에서 거짓말하지 말라고 소리치고 싶었지만 검은 양복을 입은 사람들에게 끌려갈 것 같아서 조용히 있었다.

속이는 기술

그 다단계 회원이면서 지인인 두 사람과 한 차로 내려오면서 그때서야 내가 거짓말이니 속지 말라고 했더니 두 사람은 내가 차에서 내릴 때 욕을 퍼부었다. 그렇게 인간관계도 뒷전이 되어 버렸다. 그 늙은 수름 펴지는 마사지진동기계의 교육을 받고 그 물건을 1억 원 넘게 대출까지 받아 구매해서 가지고 왔다. 한 번에 그렇게 많이 살 필요가 있는지 궁금해했더니, 지금 가져오지 않으면 다른 회원이 다 가져간다고 해서 물품이 없다는 것이다. 그리고는 1년을 넘지 못하고 그 회사는 없어졌다. 두 사람은 망했다. 그러나 그 회사는 망한 것이 아니다. 상위 몇 사람이 돈을 다 챙겨서 도망간 것이다.

모든 기업은 기업의 전반적인 내용을 전자공시하도록 되어 있다. 그러니 다트에 나오지 않는 회사는 거의 가짜라고 보면 된다. 정식으로 등록된 다단계회사가 몇 군데 있다. 수없이 많은 다단계가 있는데 다트에 나오지 않으면 그 회사의 사람들 말은 믿지도 듣지도 팔아 주지도 말자. 벌써 속지 않는 방법을 하나 알려 주었다. 그리고 다트에 공시가 있더라도 제대로 기재를 안 하거나, 뭔가 부족하다면 믿지 말자.

ㅇㅇㅇㅇㅇ에 다니는 회원이 필자에게 자랑하듯 말했었다. 자기가 다단계회원으로 등록하고 1년 만에 통장에 3,000만 원이 입금되었고, 자기보다 더 오래된 사람들은 억대 연봉자도 많다고 내게 자랑하였다. 필자는 몇 가지 질문을 해 보았다. 직접 보았느냐고 물었더니 듣기만 했다는 것이다. 그리고 당신의 통장에 지금 찍힌 것은

당신의 1년 매출이지 순수입을 말해 달라고 했더니 얼버무렸다. 그래서 나는 ○○○○○ 다단계회사가 다트에 올라와 있으면 매년 연말정산을 제출하니, 당신은 정식회원이니 연말정산을 보여 주면 믿겠다고 했더니 그런 건 없다고 했다.

왜 다단계회사 가입자는 연말정산이 없을까? 당연히 정식 직원이 아니기 때문이다. 왜 정식 직원으로 가입시키지 않을까? 그들은 관리자 상위 몇 프로 사람들을 제외하고는 새로 가입하는 회원을 개인사업자로 가입하게 만든다는 것을 알았다. 여기에는 커다란 함정이 있다. 정식 근로자는 최저임금을 주게 되어 있다. 이 다단계회사는 그 돈을 지급하지 않기 위해 개인사업자로 등록시키는 것이다. 개인사업자로 등록시키게 하고 1인 사장이라고 불러 준다. 기분 좋게 들릴지는 모르지만 함정이다. 기본금을 주지 않더라도 알아서 죽으라고 일하기 때문에 얼마나 멋진 사기꾼회사인가 생각해 보라. 예전에는 대부분의 자동차회사는 영업사원에게 기본급을 지급하지 않던 시절이 있었다. 판매하는 만큼만 가져가는 시스템이었으나 문제가 많아 판매에 상관없이 기본금은 주는 체계로 바뀌었다. 물론 보너스는 다르겠지만….

자, 그럼 당신이 직접 다트에 들어가서 일반회사와 다단계회사의 기업공시를 찾아보는 방법을 알려 주려고 한다. 이 책에 특정 기업을 올릴 수 없다는 것이 안타깝다. 그러면 어떻게 처음 가입하는 회사가 제대로 된 기업인지 알아볼 수 있을까?

속이는 기술

한국다트(금융감독원 전자공시시스템(dart.fss.or.kr))를 보자.

출처: 금융감독원 전자공시시스템

공시통합검색란에 회사 이름을 입력하고, 정기공시 항목별 검색에서 임원 및 직원현황을 체크하고 검색을 누르면 회장부터 이사, 상근직 등등 직급이 나온다. 나번 항목으로 내려오면 직원현황 및 평균임금 지급내역이 나온다. 여기를 보면 직원수, 평균근속연수, 연간급여총액, 1인 평균급여액을 볼 수 있을 것이다.

다시 말해 다단계회사 금배지 회원이나 직원의 말을 믿지 말고, 여기에 기록된 대로 확인하면 된다. 그러면 당신이 얼마를 받게 될지 알게 될 것이다.

몇 년 전에 친하게 알고 지내는 부부가 같이 다단계회사에 가입하고 나서 희망회로를 돌려 가며 자랑을 하더니 필자를 자기 밑에 회원으로 등록시키려고 해서 내 집으로 초대한 적이 있다. 희망에 부푼 두 사람의 이야기를 듣고 나서 필자는 괴기 피해사례를 직접 경험했기에 다트의 전자공시를 통해서 그 다단계회사 임금을 보자고 한 적이 있다. 그 다단계회사 공시의 직원 임금현황을 보니 상위 1%가 5천만 원에서 1억 원, 상위1~5%가 2천만 원대였고, 나머지 94%는 연간급여액이 500만 원이 안 되었다. 너무 황당했다. 국가에서 파악한 공시자료를 같이 두 눈 뜨고 보는데도 다단계라는 종교에 빠진 것처럼 믿지를 않았다. 필자는 한 가지 질문을 했다. 당신이 상위 1%에 들어갈 수 있느냐고 물어보았다. 그들은 대답하지 못했다. 2년이 지났는데도 나오지 못하고 있다. 그렇다고 상위에 들어간 것도 아니고 이젠 포기하고 자기 가정에서 어차피 필요한 생필품이고 물건도 괜찮아 보이니 그냥 버티고 있었다. 그나마 다행인 것은 직장까지 포기하고 뛰어들지 않았다는 것이다. 또 다른 지인은 좋은 직장도 포기하고 다단계회사로 들어갔는데 다 말아먹고 어디로 갔는지 소식조차 모른다.

제발 당신도 금배지 회원이 될 수 있다는 희망을 갖지 말자. 처음부터 다단계회사는 당신에게 금배지를 줄 생각이 전혀 없다는 것을 명심해야 한다. 그냥 당신을 노예로 부리고 싶을 뿐이다.

그나마 큰 다단계회사만 이 정도이지 이름도 없고 알려지지 않은 다단계회사나 조직은 회원가입을 하게 하고, 강매로 물건을 비싸게 구매하게 하고 그것을 갚아 나가는 덫에 걸리게 할 것이다. 결국 당신 가정재산을 한 푼도 없이 바닥까지 쪼그라들게 할 것이다.

속이는 기술

낚시꾼은 물고기마다 어떻게 낚아야 할지

다 생각이 있다.

보이스피싱도 당신을 어떻게 낚아야 할지

다 생각이 있다.

시나리오 작가 보이스피싱

그들의 시나리오와 연기력은 생각보다 높다. 속이는 말에 낚이어 당신의 자산이 쪼그라들게 해서는 안 된다. 이들은 가장 악랄한 범죄자들이다.

필자는 몇 년 전 한 통의 전화를 받았다. 금융감독원에 근무하는 ○○○ 과장이라고 했다. 필자의 통장이 해킹을 당해 정보가 누출되었다는 말을 하고는 필자 통장의 잔고를 다른 곳으로 이체해야 한다고 했다. 그 당시 필자의 통장에는 500만 원 정도 있었다. 필자는 순진해서 의심을 하기도 전에 금감위라는 말만 머릿속에 인식되어 시키는 대로 했다. 통장과 도장을 챙겨서 은행으로 가라고 말했다. 필자는 급히 챙겨서 옷을 부랴부랴 입다가 모르고 핸드폰 통화종료 버튼을 눌렀다. 전화가 끊어진 후에도 필자는 아직도 속았다는 것을 모른 채 어떻게 해야 되는지 물어보기 위해 재발신을 눌렀다. 전화를 받지 않았다. 그제서야 보이스피싱이라는 것을 알았다. 다행히 돈을 지킬 수 있었다. 우리는 화재가 나서 집이 불에 타는 것을 보면 순간 판단력이 뚝 떨어지는 것을 경험해 보았을 것이다. 연습하지 않고는 대처할 수 없다. 마찬가지로 보이스피싱은 여러 가지 시나리오로 우리의 판단력을 무방비로 만들어 버린다. 필자의 사례처럼 금감원, 경찰청, 중앙지검, 식구들 사고 소식 등을 접하게 되면 갑자기

속이는 기술

판단력이 급격히 떨어진다.

피싱(fishing)은 낚시라는 뜻이다. 피싱(Phising)은 개인정보(private data)와 fishing을 합성한 신조어다. 무작위로 개인들에게 공공단체 같은 웹사이트나 위장 메일을 보내어 홈페이지에 접속하도록 유인한 뒤 개인의 통장정보 등을 불법적으로 알아내어 개인정보를 빼어 가는 사기기술을 말한다.

보이스피싱(Voice Phising)은 목소리로 개인정보를 낚시한다는 뜻이다. 즉, 음성으로 스마트폰과 같은 전자기기를 이용하여 개인의 정보를 알아내고 돈을 인출해 가는 사기수법이다. 대만에서는 '신흥 사기범죄'라고 말하고, 중국에서는 '전화 사편' 그리고 일본에서는 '계좌이체 사기'라고 말한다.

최근 급속도로 파지고 있는 사기수법이 스미싱(Smishing)이다. 문자메시지(SMS)와 피싱(Phishing)의 합성어로, '택배주소 수정', '관공서홈페이지 접속', '돌잔치 초대장', '모바일 청첩장', '교통법규 딱지' 등을 내용으로 하는 문자나 톡으로 URL이 딸린 메시지를 보내고 그 인터넷주소를 클릭하면 악성코드가 스마트폰에 설치되어 스마트폰을 원격조종할 수 있게 된다. 원격조종으로 개인정보를 빼어 낸 뒤 상대방의 핸드폰을 먹통으로 만든다. 왜냐하면 돈이 빠져나가는 것을 모르게 하기 위해서이다. 이체한도를 정해 놓았기에 한 번에 다 인출하는 것이 아니라 며칠에 걸쳐 수십 차례 인출한다. 나아가 개인정보를 이용하여 폰을 개설하고 대출까지 받아 간다. 한마디로 말해 당신의 모든 재산을 탈탈 털어 가고 빚쟁이로 만들어 버린다.

더 악랄한 방법도 사용한다. 스마트폰에 악성 URL이 설치되면 당신의 사진과 비디오까지 녹화할 수 있다. 당신이 집에서 무엇을 하는지 CCTV처럼 볼 수 있다는 것이다. 비밀스러운 사진이나 녹화가 되었다면 그것을 미끼로 돈을 요구하는 일이 벌어질 것이다. 당신이 경찰에 신고해도 112를 누른 전화는 조작되어 그들이 받게 될 것이다. 그럼 경찰로 둔갑하여 당신의 돈을 빼앗아 간다.

그들은 오늘도 새로운 시나리오를 짜고 있다. 당신을 속이고 당신의 돈을 빼앗기 위해서…. 그들의 능력을 무시해서는 안 된다. 예전에 뉴스에서 어느 회사가 고객의 정보를 팔아 넘겼다는 보도를 본 적이 있을 것이다. 그럼 그 정보는 누가 사 가는 것일지 궁금해했을 것이다. 바로 이런 보이스피싱범들이 사 가는 것이다. 당신의 정보가 공개되면 그들은 그 정보를 바탕으로 시나리오를 짠다.

필자가 예견하는데 앞으로는 **딥페이크**(deepfake: AI를 활용한 인간 이미지 합성 기술)를 사용하여 당신의 식구나 지인으로 합성하고 화상통화를 통하여 믿게 한 다음 돈을 이체하게 만들 것이다. AI는 당신 지인의 목소리와 행동까지도 똑같이 따라 할 것이다.

최근 몇 년간 보이스피싱으로 입은 피해 금액이 조 단위에 이르는 것으로 조사되었다. 건수로 보면 한 해 5만 건이 넘는다. 유형별로 살펴보면 대출빙자 보이스피싱 피해액이 가장 많았고, 그다음이 기관 사칭(보안부, 검사 등등)이었다. 마지막으로 메신저피싱(지인 사칭)이 그 뒤를 이었다. 최근에는 교묘하게 여러분의 컴퓨터나 핸드폰에 악성 URL을 설치하여 사기를 지는 지인 사칭 메신저피싱이 늘어나고 있다. 여러분들이 모두 다 사용하고 있는 톡의 비중이 가장 크다. 당연히 많이 사용하는 메신저를 피싱할 것이다.

당신은 보이스피싱에서 자유로울까? 사기꾼들이 언제나 같은 수법을 사용한다면 예방할 수 있겠지만 그들은 새로운 미끼를 계속해서 만들어 낸다. 언젠가는 당신이 물을 수밖에 없는 미끼가 올 확률이 크다.

어떻게 대처해야 할까? 보이스피싱은 예전에는 거의 존재하지 않았다. 보이스피싱이 급증하기 시작한 것은 스마트폰의 시작과 일치한다. 즉, 스마트폰이 없다면 보이스피싱을 당할 염려가 없다는 뜻이다. 스마트폰 때문에 생겨난 사기범죄이다. 여러 가지 주의사항을 금융당국이나 경찰청에서 제공하고 있으니 숙지하는 것도 좋을 것이다. 하지만 필자는 다음의 몇 가지 방법을 알려 주고 싶다.

첫째, 공짜로 설치하여 사용하는 보안프로그램을 사용하지 말고 유료 보안프로그램을 사용하자. 일 년 사용료 몇만 원 정도만 내면 가족의 모든 컴퓨터와 핸드폰에 보안프로그램을 설치할 수 있다. URL을 타고 오는 악성프로그램을 훨씬 잘 잡아 준다. 물론 바이러스도 포함이다. 한 번이라도 악성 바이러스에 걸려 컴퓨터의 자료가 날아가는 일을 당해 본 사람은 보안프로그램이 얼마나 중요한지 알 것이다.

필자는 보이스피싱 전화를 받은 뒤부터 수 년째 보안프로그램을 정식으로 구매해서 집에 모든 PC와 가족의 모든 스마트폰에 설치하였다. 물론 아직까지는 아무런 문제가 없다. 산업현장에서 말하는 진정한 안전이란 근로자에게 위험행동을 하지 않도록 가르쳤는데도 위험행동을 할 수 있다고 가정하여 안전조치를 취하는 단계까지가 최고의 안전이다. 모르는 문자나 악성프로그램을 열면 안 된다고 가르치지만 혹시 열어 봤더라도 차단할 수 있게끔 해야 한다. 개인적으로 무료 보안프로그램이나 악성차단프로그램은 그냥 뚫리는 것을 경험했다. 무료로 사용하는 개인에게 보안업체가 밤낮 신경 써서 보안프로그램을 관리해 줄 리 없다. 특히 나이 많은 사람들은 전자기기에 약하다. 판단력도 떨어지는 나이다. 육체가 나약해지면 분별력도 아주 낮아진다. 그래서 노인들이 쉽게 피싱에 걸리는 이유이다. 그러니 부모님의 폰에는 필히 보안프로그램을 설치해 주어야 한다.

이렇게 보안프로그램까지 설치했으면 두 번째로 은행 이체한도를 적게 해야 한다. 큰돈을 이체할 일이 생기면 불편해도 직접 은행에 가는 습관을 들이자. 이체한도 변경도 은행에서 대면으로만 가능하게 하거나 보안이 설치된 개인용 PC에서만 가능하게 바꾸어야 한다. 필자는 평상시 이체한도를 500만 원 정도로 해 놓고, 큰돈을 이체할 일이 생길 경우 은행을 방문하거나 PC에서만 한다. 스마트폰에서 이체한도를 변경하려면 상당히 복잡하다. 피싱을 당해도 돈을 인출할 수 없는 구조로 만드는 것밖에는 방법이 없다. 적금도 비대면으로 가입하지 말고 은행 가서 가입하면 된다. 그러면 스마트폰으로는 해지가 안 된다. 직접 방문해야만 해지가 된다. 불편하더라도 안전한 방법이 낫다.

결론적으로 보이스피싱사기를 피하는 방법은 스마트폰 관리에 달려 있다. 모르면 폰에서 은행계좌를 모두 지워야 한다. 폰에서 개인정보를 모두 지워야 한다. 특히 노년층에서는 스마트폰을 사용하지 않길 권한다. 눈도 침침하고, 전자기기에 서툴기 때문에 보이스피싱에 당하기 쉽다. 당신은 부모님의 스마트폰을 알뜰폰으로 변경하거나, 스마트폰 결제를 모두 해지해 드려야 한다. 그렇지 않으면 노인 빈곤층과 부모님의 빚을 갚아야 하는 불행이 찾아올 수도 있다.

속임이 아니더라도
가정의 자산이
줄어드는 이유

시간 길들이기

당신이 믿는 종교에, 당신이 믿는 교주에게

헌금하거나, 시주하거나 했던 열심은

당신이 어려울 때 한 푼도 돌려주지 않는다.

참종교를 벗어나 사람이 비슷하게 만든 전통과 경험의 속임수

종교의 잘못된 지식과 신념과 믿음으로 큰돈을 헌납하고 가정자산을 쪼그라트려서는 안 된다.

반드시 생각하고 또 생각해야 한다. 신(神)의 기본 조건은 전지전능(全知全能)이다. 즉, 모든 것을 다 알고 모든 것을 다 할 수 있다는 것이다. 이 한 가지 조건이 없다면 신이 아니다. 만약 당신이 믿는 신이 당신에게 행위를 강요한다면 신의 전능에 모순이 된다. 아무도 교묘한 말로 당신을 속이지 못하게 올바른 지식과 지혜와 총명으로 마음과 생각을 무장해야 한다.

여러분들이 어떤 종교를 가지고 신앙생활을 하든 종교의 자유가 있는 대한민국에서 여러분의 자유다. 개인적으로 필자는 종교가 필요하다고 생각하는 사람이다. 다만 여기에서 말하고 싶은 것은 큰돈을 헌금하고 그것이 좋은 믿음이라고 판단하여 어렵고 힘들게 번 돈을 바치고 힘들게 살아가지 않길 바라는 것뿐이다. 어느 종교를 비판하고자 이 글을 쓴 것이 아니고 여러분 가정의 재산이 종교로 인해 쪼그라들지 않는 방법을 말하려는 것이다. 물론 독자의 판단으로 결정하겠지만 깊이 생각하는 사고의 시간을 갖길 바란다. 당신이 헌금한 돈은 당신 가정이 어려울 때 도움을 청해도 절대 돌려받지 못한다. 그러니 다시 한번 깊이 생각해 보길 바란다. 특히나 이번 김에서는 당신의 생각을 어떻게 빼앗아 가는지 쉽게 알게 될 것이다.

우리나라에서 인정하는 천주교, 기독교, 불교 그리고 최근 들어 한국에서도 자리 잡고 있는 이슬람교와 조상 때부터 뿌리 깊게 우리 삶에 자리잡은 토속신앙과 유교 그리고 이단종교라고 하는 여러 유사종교들이 수없이 많다. 비단 우리나라만 그런 것이 아니라 세상에는 수없이 많이 유사종교들이 셀 수도 없이 많다. 너무 많아서 알 수도 없거니와 여기에서는 우리 주변에 가까이 있는 즉, 생활 속에 깊이 들어와 있는 종교만 다루어 보도록 하자.

우리가 생각하는 종교인이라고 생각하면 세상 사람과 다르고, 수행하고, 절제하며 뭔가 존경이 가는 모습일 것이다. 자기 자신을 믿는 사람들을 제외하고는 대부분 종교 하나씩을 다들 가지고 있다. 정통이라고 인정하는 사람들이 많으면 떳떳하게 말하고, 약간 이단 같으면 드러내지 않고 조용히 자기들끼리 종교단체를 만들어 생활한다. 어찌되었든 정통이든 아니든 당신이 어딘가에 가입한다면 돈에서 자유롭지 못할 것이다. 모든 종교는 헌금을 원한다. 모든 종교인들은 헌금을 원한다. 물론 우리가 어느 모임에 가입해도 회비 정도는 낼 것이다. 그러나 당신이 어느 종교에 들어가든 회비 정도가 아니고 적게는 십의 일조부터 크게는 재산을 다 갖다 바치는 일이 생길 것이다. 아니, 재산을 넘어서서 가족의 파멸까지도 가져오는 경우도 많다. 그렇게 되면 당신이 돈을 버는 목적이 사라질 것이다. 가정 파산이다.

모든 신은 돈을 좋아하는 것일까? 돈은 신이 만든 게 아니고 인간이 만든 건데 왜 신이 돈을 요구하는 것일까? 생활 속에 가까이 접해 있는 종교를 하나씩 파헤쳐 보자.

사주팔자의 모순

사주팔자의 점괘를 보기 위하여 작은 돈을 계속하여 지불해서는 안된다.

역학의 점괘는 기본이 사주 즉, 연월일시(태어난 해, 달, 일, 시)로 사람의 운세를 풀이한다. 오랜 세월 동안 동양의 점술가나 무당, 기타 역술인이 사용하는 방법이다. 그러나 여기에는 통계적으로 모순이 있다. 우리나라에 당신과 똑같은 연월일시에 태어난 사람이 있는지 알아보면 꽤 많이 있음을 알게 될 것이다. 그렇다면 그 사람과 당신의 운명이 같아야 하는데 설마 같다고 생각하진 않을 것이다. 더 나아가 전 세계에 연월일시가 같은 사람은 수백, 수천, 수만이 될 때도 있다. 이들 개개인의 운명이 같을까? 한 사람도 같지 않다. 부와 수명이 다 다르다. 조금만 생각해 보면 모순이라는 것을 금세 알 수 있다.

사주팔자가 인생 운명의 점괘에 맞는다면 당신은 태어나는 아기의 출산 날짜를 인공분만으로 조절해야 할 것이다. 아주 좋은 날과 시간대를 기다렸다가 출산해야 한다. 그렇게 된다면 모든 사람이 다

잘살게 된다는 뜻이 된다. 세상을 보라. 못사는 사람, 불행한 사람이 훨씬 많다.

필자가 이렇게 말하면 사주팔자 외에 관상도 봐야 하고, 손금도 봐야 하고 등등 둘러대는 사람이 있을지도 모른다. 그렇다면 성형수술해서 관상을 고치거나, 손금도 성형으로 수정해야 할 것이다. 성형한 사람이 잘산다는 통계는 없다. 성형한 사람이 성공을 많이 했다는 통계도 없다. 이쯤 되면 당신을 사주팔자 점괘를 보며 내는 돈을 절약해야 한다.

전통에서 벗어나야 한다. 관습에서 탈피해야 한다.

손 없는 날이 이사 비용이 비싸다는 걸 알고 있을 것이다. 맞는 말이 아니라는 걸 이제는 눈치채길 바란다. 손 있는 날 저렴한 이사비용으로 이사해도 아무 문제 없다. 손 있는 날이든 없는 날이든 우리의 삶은 사인곡선처럼 오르막길과 내리막길 그리고 희로애락의 반복으로 이루어져 있다.

무당의 점괘 원리

점을 보기 위해, 그래도 안 되면 큰돈을 지불하고 굿을 하여 당신의 자산이 쪼그라들게 하여서는 안 된다.

최근에 무당을 만난 적이 있는데 요즘은 자기들만 사용하는 운세 어플이 있다고 핸드폰을 보여 주며 이것으로 아는 지인들한테 매일

속이는 기술

그날의 운세를 보낸다고 한다. 100명 정도 보내면 두세 명 정도는 운세가 맞아 떨어지고, 그 사람한테 연락이 온다고 한다. 당연히 그들은 많은 복채를 가지고 온다고 했다. 자기의 주 수입원이며 돈 벌기 쉽다고 했다.

만약 무속인이 점을 잘 친다면 자신의 점괘를 알아 좋은 운세는 더 좋게, 나쁜 운세는 피해 갈 방법을 알아야 한다. 그러나 주변의 무속인을 보면 끝이 좋지 않다. 중병에 걸려서 힘들어하거나, 부자로 사는 사람을 본 적이 없다. 자신의 점괘를 맞추지 못하면 타인의 점괘도 못 맞춘다.

소설책에서 '소설'이란 뜻을 포털사이트 검색해서 찾아보면 '작가의 상상력에 비롯한 허구적인 이야기'라고 풀이한다. 허구란 거짓말로 꾸며 낸 이야기를 뜻한다. 즉 작가가 꾸며 낸 이야기에 울고 웃는 것이다.

여기에 비슷한 말이 또 있다. **신화**(神話, myth)다. 신화는 한 민족의 문명권으로부터 전승되어 오는 꾸며 낸 이야기이다. 로마신화, 그리스신화, 단군신화 등등 나라마다 대부분 있다. 여기서 왜 단군신화를 말하냐고 궁금해한다면 단군신화가 무당과 밀접한 관계가 있기 때문이다.

단군의 출생 신화를 보면 천제(天帝) 환인의 아들 환웅이 태백산 신단수 아래로 무리 3,000명을 이끌고 내려와 신시(神市)라는 나라를 세워 다스릴 때, 사람이 되기를 원하는 곰과 호랑이에게 쑥과 마늘을 주면서 100일 동안 햇빛을 보지 말고 동굴 속에서 생활하라고 하였으나, 호랑이는 이 시련을 참지 못하여 나가고 곰은 스무하루를 견뎌 내 웅녀가 되어 환웅과 결혼하여 단군을 낳았고, 그 단군은 고조선을 세웠다는 내용이다. 이 내용을 사실이라고 믿는 사람은 거의 없을 것이다. 곰이 사람이 되는 일은 현실과 과학적으로 불가능하기 때문이다. 그럼에도 불구하고 우리나라에는 단군을 모시는 사당이 존재하고 그렇게 해서 생겨난 것이 단군교다. 처음 들어 보는 사람이 많을 테지만 무당 인구 약 40만 명을 거느리고 있는 종교가 단군교다. 단군교의 깊은 내막을 떠나서 무당이 어떻게 과거 점괘를 맞추고 단두대 칼날에 서서 춤을 추는지 알아보자.

이 세상에는 귀신이 존재한다. 귀신은 단군교만이 아닌 모든 종교에서 존재한다고 말하고 있다. 성경을 보면 귀신 쫓는 내용이 많이 나온다. 그 귀신은 우리의 죽은 조상이라고 생각하는 사람이 많겠지만 조상이 아니라고 말한다. 한 번도 조상이 와서 제사상의 밥을 먹는 것을 본 적이 없다고 했다. 그렇지만 귀신이 누구인지는 모르지만 존재한다. 사실이든 아니든 그 궁금증을 성경에서 말하고 있다.

교만했던 천사가 하나님으로부터 버림을 받아 천국에서 쫓겨났는데 천사와 그 무리들이 있다고 한다. 사탄 또는 악마라고도 하고 그 수하들을 귀신이라고 한다.

신내림을 받아서 무당이 된다(남자 무당도 있음)는 것은 귀신을 영접하는 것이다. 무당은 귀신의 힘을 빌어서 점을 보러 온 사람의 점괘를 알려 준다. 그것도 아무 무당이나 그런 능력이 있는 것이 아니고 신내림을 받은 지 얼마 안 되는 무당에게 더 잘 나타난다. 다시 말해 귀신들도 새것을 좋아하고 사용하다가 오래되면 버린다는 것이다. 그런데 귀신도 과거는 어느 정도 맞추지만 미래는 맞추지 못한다. 귀신이 더 이상 점괘를 알려 주지 않으면 그때부터는 경험으로 점을 쳐도 대충 맞는다고 한다.

신인합일(神人合一) 즉, 신과 인간이 하나되는 행위인데 무당들은 쉬지 않고 뛰면서 입에서는 알 수 없는 말을 되새김한다. 그렇게 자신의 정신을 놓아 무아지경(無我之境: 어떤 일에 집중하여 자신의 존재를 망각한 듯한 상태)에 빠져들어 귀신과 하나가 되는 순간이 온다는 것이다. 인도를 여행하다 보면 쉽게 볼 수 있는 모습이다. 요가의 달인이라고 하여 종일 이상한 자세를 취하고 있지만 정신을 놓은 사람들이 꽤 많이 있다. 사람들은 그들을 달인이라고 칭찬한다.

작두를 타는 것도 귀신의 힘을 빌어 탄다. 무당들은 각자 영험(귀신이 도와주는 능력)의 세기가 다른데 작두를 타며 굿을 하면 굿이 절정에 이르게 된다. 더 큰 소리로 떠들어 대고, 주변에서는 더 높이 뛰기를 반복한다. 그들의 눈은 초점이 없다. 그렇게 작두를 타다가 더 큰 영험의 능력을 가진 무당이 오면 바로 작두에 발이 베어 피가 나고 실신한다.

귀신들은 이렇게 무당을 도와주다가 어느 순간에 버린다. 그렇게 되면 병에 걸리거나 불행하게 남은 인생을 살게 되는 무속인들이 많다.

이렇게 귀신의 도움을 받아 과거 점괘를 맞추는 것은 우리나라에만 있는 것이 아니다. 기독교의 성경책에서는 '누가'라는 사람이 '바울'과 '실라'와 함께 빌립보라는 도시에서 있었던 사건을 이렇게 기록했다.

> 우리는 기도하는 곳으로 가는 중에 귀신 들린 한 여종을 만났습니다. 그 여종은 점을 쳐서 돈벌이를 하였고, 그 돈을 자기 주인들에게 바치고 있었습니다. 이 아이는 바울과 우리에게 와서 "이 사람들은 지극히 높으신 하나님의 사도들로 많은 사람들에게 구원의 길을 전하고 있습니다."라고 외쳤습니다.
> 이 아이가 여러 날을 이렇게 계속 말하며 따라다니자 참다못한 바울이 돌아서서 그 아이에게 들어가 있는 귀신에게 말했습니다.
> "예수 그리스도의 이름으로 내가 명하노니 그 아이에게서 당장 나오너라."
> 바로 그 순간 귀신이 그 여종에게서 나갔습니다. 그러자 그 여종의 주인들은 자기들의 돈벌이가 사라진 것을 알고 우리를 붙잡아 시장에 있는 관리들에게 끌고 갔습니다.

이 기록을 보면 어느 나라 어느 곳에나 귀신이 존재한다는 것을 알 수 있다. 그리고 그런 곳에는 자신들의 이득을 위해 누군가는 존재한다는 것이다.

속이는 기술

귀신들은 누구에게나 들어갈 수 있다. 조심해야 할 것은 굿을 많이 하는 집안에서는 어느 세대에는 신내림을 받아 무당이 나온다는 것이다. 우리는 여기서 중요한 종교의 특징을 하나 알 수 있다. 내가 절하는 신이 나에게 들어온다. 즉 귀신에게 순종하고 절하면 귀신이 들어오고, 부처에게 절하고 숭배하면 부처가 들어오고, 하나님에게 절하고 숭배하면 하나님이 들어온다. 자신을 믿으며 자신 맘대로 살면 자신이 신이 되고 자신이 들어온다. 그런데 자신을 믿는 사람들의 문제가 있다. 자기 뜻대로 인생이 되는 일이 거의 없다는 것이다.

필자가 전방에서 군대 생활 시절 명절마다 차례를 지냈다. 그날도 설날이라 내무반에서는 중대별로 차례를 지내고 있었다. 조상에게 제사를 지내는 것이었다. 많은 음식과 술이 차려지고 줄을 서서 차례대로 절을 했다. 명절 때마다 항상 하는 부대 관습이었지만 그날은 이상했다. 초소에서 외곽 근무를 서고 막사로 오는데 주변의 공기가 매우 무거움을 느꼈다. 주변이 흑백처럼 보이고, 낮게 가라앉은 이상한 공기는 내무반으로 흘러가는 것처럼 보였다. 제사가 끝나고 나서야 이상한 공기 기운은 사라졌다. 지금 생각해 보면 떠돌이 귀신들이 모이는 것이었다. 귀신은 시끄럽고, 먹을 것 많고, 자신들에게 절하는 곳으로 모여든다. 만약 당신이 매일 제사상을 차려 놓고 절을 한다면 귀신은 당신에게 들어올 것이다. 문제는 귀신이 당신을 도와주는 것처럼 행동하지만 결국은 망하게 한다는 것이다. 필자가 가끔 상갓집에 가면 군에서 느낀 공기 기운을 맞이할 때가 있다. 그래서 상갓집에 가자마자 고개를 돌려 한 바퀴 둘러본다. 그러면 자욱한 안개처럼 깊게 내려앉은 기운을 느끼기도 한다. 상갓집이 바로 시끄럽고, 음식 많고, 절하기 때문이다.

결론적으로 무당들이 자기의 점괘도 모르고, 점 보러 오는 사람들의 미래도 모르는 것이 확실하다면 당신은 과거를 조금 알아보자고 복채에 큰돈을 써 가며 당신의 자산이 줄어드는 것을 방관해서는 안 된다.

여러분은 집에 누군가가 이상한 것이 보이고, 이유 없이 아프고, 병원에 가서 진찰하면 이상이 없고 그러다가 무속인을 찾아가는 경우가 많을 것이다. 그러면 무속인은 귀신이 붙었으니 굿을 해야 한다고 한다. 귀신이 붙었다는 말이 틀린 것만은 아니다. 필자가 말했듯이 무당은 귀신의 힘을 빌어 점을 친다고 했다. 즉, 귀신에게 명령하는 구조가 아닌 귀신을 달래고 달래서 점괘를 물어보는 구조다. 그렇다면 여기에서 우리는 한 가지 생각해야 할 것이 있다. 어떤 귀신이 붙었는데 무당이 믿고 있는 귀신을 달래서 다른 귀신을 쫓는다는 말은 모순이다. 그럼에도 굿을 유도하는 것은 이득을 취하기 위해서 즉, 돈을 벌기 위해서다. 돈을 많이 지불할수록 더 높이, 더 많이, 더 멀리 뛰고 더 크게 소리 낸다.

무속인이 굿을 유도하는 방법은 거의 정해져 있다. 지금 굿을 하지 않으면 자녀나 가족 중에 어느 날에는 큰 병에 걸려 사경을 헤맬지도 모른다고 말한다. 그러면 대부분 굿을 안 하고는 못 배긴다. 우리가 필히 기억해야 할 것은 귀신으로 귀신을 쫓지 못한다는 것이다. 손은 안으로 굽는다. 귀신은 귀신 편이다. 대부분 다른 질병으로 몸이 아픈데 신내림의 증상일 수 있다고 믿어서는 안 된다. 정말 귀신이 붙었다면 귀신보다 큰 능력을 찾아가야 한다. 그것은 독자의 판단이다. 필자는 다시 한번 말하지만 큰돈을 내 가며 무당이 불러들이는 귀신 옆에 가지 않는 것이 좋다고 생각한다. 귀신은 나약한 사람에게 잘 들어가기 때문이다. 굿을 하다가 다른 가족에게 귀신이 들어갈 수도 있다. 여러분이 귀신을 이길 수 있다고 생각하면 상관없다.

불교에서 말하는 시주와 복

석가모니의 가르침은 복이 아니라 무소유다. 당신은 불교에서 말하는 복을 받기 위해 시주를 많이 하여 자산이 쪼그라들게 해서는 안 된다.

우선 불교의 핵심사상을 알아보자. 불교를 창시한 석가모니의 가르침을 기록한 책이 불경이다. 불경의 핵심은 무아(無我)사상과 공(空)사상이다. '무아(無我)'라는 뜻은 내가 없다라는 의미이다. 즉, 원래 나는 없는데 육신처럼 있다고 생각하니까 욕심과 고뇌와 고통과 두려움 등이 온다는 것이다. 그래서 그들이 수행하는 것은 원래 나는 없다는 것을 깨달아 현세를 살아가는 모든 번뇌에서 벗어나 헤

탈로 가는 것이다. 그래서 석가모니는 죽기 전에 제자들에게 자신이 죽으면 불에 태워 아무것도 남기지 말라고 했다. 원래 자신은 없음에서 출발했으니 없음으로 간다는 것을 직접 실행하려고 했다. 그러나 제자들과 신자들은 정말 그 석가의 가르침을 따르고 있는지 독자 여러분이 직접 판단해 보길 바란다. 진정한 무소유(無所有)를 지키는 불자가 몇 명이나 될까?

불교의 절에는 삼신각(또는 삼성각이라고도 함)이 있다. 원래 중국에서 우리나라로 소승불교가 넘어올 때 삼신각은 없었다. 우리나라에서 생긴 것이다. 삼신각의 역할은 신도의 복을 빌어 주는 장소이다. 절에서 성도 수를 늘리기 위해 인간이 가장 원하는 복을 주는 장소가 필요했을 것이다. 초기에 왕들과 고위 관료들의 마음을 얻기 위해서는 복이 필요했을 것이다. 게다가 유교사상이 뿌리박혀 있는 우리 민족은 정한수 한 그릇을 떠 놓고라도 복을 비는 민족이었기에 어떤 종교가 들어오든 복을 심어 주는 역할이 필요했다고 본다. 참선을 많이 하든 적게 하든 수도승들도 먹어야 할 것이고, 잠잘 곳이 필요하기 때문이다. 하지만 참선이 아닌 편함과 탐욕으로 바뀌면 돈은 더 필요해진다.

절은 문화재에 속하기 때문에 교회나 성당처럼 자비로 보수하는 것이 아니라 국가 세금으로 짓거나 보수한다. 크고 멋지게 짓고 싶어 한다. 그러나 진정 세상을 등지고, 자기성찰을 위해 산속으로 들어갔다면 절이 멋져야 할 필요가 있는지 생각해 봐야 한다. 한때 국

속이는 기술

립공원에 갈 때면 입장료와 문화재 관람료가 포함되어 있었다. 문화재 관람료는 절을 보았다는 것이다. 우리가 낸 세금으로 지은 절을 본다고 관람료를 내라는 것이다. 그들은 왜 이렇게 돈에 욕심을 내는 것일까? 한때 지분 관계로 절의 교파가 나누어 몽둥이 들고 싸우는 것을 TV에서 방영한 적이 있다. 왜 싸울까? 돈 때문이다.

지금 불교를 비판하자는 주제가 아님을 안다. 그러나 당신이 내는 공양과 삼신각에서 빌어 주는 방법은 당신의 삶에서 복을 얻을 수 없다. 그냥 감사하는 마음으로 시주하면 모를까 복이 굴러온다고 생각하고 시주를 한들 당신의 삶에 찾아오는 복과는 아무런 관련이 없다는 것을 알아야 한다.

천주교, 기독교에서 말하는 십일조나 헌금

셀 수 없는 각종 헌금, 크고 작은 헌금으로 여러분의 가정자산이 쪼그라들게 해서는 안 된다.

성경 말라기서를 보면 십일조의 복을 말해 주고 있다. 말라기서를 보고 목사나 신부가 십일조와 헌금설교를 한다. 정말 물질적인 복을 받을까?

우선 통계부터 보자. 천주교는 중앙집권식이기 때문에 신부는 정해진 월급을 받는다. 도시에 있든 시골에 있든 차이가 없다.

개신교는 각 교회, 교단마다 다 다르다. 한마디로 알아서 헤아 한다. 개신교 교회 60% 정도는 미자립이다. 홀로서기 힘든 교회를 미자립이라고 한다. 35% 정도는 중형교회 그리고 5% 정도가 대형교회에 속한다.

십일조를 해서 복을 받는다면 이렇게 많은 미자립교회 목사들은 왜 이렇게 힘들게 살아갈까? 십일조를 안 한 것일까? 물론 했을 것이다. 했다면 왜 복을 못 받고 있을까? 그리고 자신들이 해 보고 안 되는 것을 왜 성도들한테 십일조 잘하면 복을 받는다고 가르치는지 생각해 보아야 한다. 지금 구원에 대해서 또는 성경이 틀리다고 말하는 것이 아니다. 당신의 돈이 어디로 흘러가서 당신 가정의 경제가 어려워지는지 알고 대처해야 하는 것을 말하는 것이다. 말라기서를 설교하며 십일조 하면 복을 받는다고 설교하는 교회에 다닌다면 다른 교회로 옮기는 게 좋을 것이다.

하나님이 말하는 헌금의 목적은 감사이고, 그 헌금은 가난한 사람과 과부와 고아들에게 사용되길 원하는 말씀이다. 당신이 다니는 교회와 성당의 재정을 잘 살펴보자. 나눔과 구제에 얼마의 헌금이 사용되고 있는지 한 번 정도는 알아보길 바란다.

어떤 종교이든 헌금을 했더니 복을 받았다고 간증하는 사람들이 있다. 그러나 그 사람이 그렇게 되었다고 당신이 그렇게 된다고 생각하면 안 된다. 통계를 기준 삼아야 한다. 옆에서 로또에 당첨되었다고 당신도 당첨된다고 생각하는 것과 같다. 통계를 보면 대부분

속이는 기술

안 된다. 이렇게 생각해 보자. 종교도 없고 헌금도 안 하는데 복을 받는 사람이 더 많다. 우리나라 100대 기업에 회장들이 당신이 믿는 신과 같은 신을 믿는 사람이 몇이나 있는지 통계를 찾아보라. 당신이 지금 잘사는 것은 대한민국 민주국가에 살고 있기 때문이다. 만약 당신이 북한에 살고 숨어서 신앙을 갖고 헌금을 한다고 가정해 보자. 당신이 복을 받아 부자가 되었을까? 아프리카나 빈민국에서 신앙생활을 한다면 지금 한국처럼 부유하게 살 수 있을지 이성적으로 생각해 보길 바란다.

주위에서 신앙을 가진 사람들을 보면 가지지 않을 사람보다 대부분 경제적으로 어렵게 사는 것을 본다. 간단히 생각해서 소득을 전부 사용하는 사람과 소득의 십 분의 일 이상을 제하고 생활하는 사람과 같을 수 없다. 그럼에도 불구하고 신앙생활을 하는 것은 여러분의 믿음 때문이다. 종교는 구원의 문제이지 돈 놓고 돈 먹는 행위가 아니다. 당신의 신앙심 좋은 믿음을 유지하되 큰돈을 헌금하고 믿음 좋다는 소리에 자산이 쪼그라들게 해서는 안 된다. 헌금과 구원은 아무 관련이 없다는 것을 알길 바란다. 당신 재산이 많든 적든 기쁨으로 헌금하고 그 헌금이 어려운 이웃에게 전달되어 그들도 기쁘게 할 수 있다는 마음가짐으로 헌금하면 된다.

각 종교에서 추구하는 성전, 성당, 불당, 사원 건축의 함정
헌금 중에 가장 큰 헌금은 건축헌금이다. 당신은 큰돈을 내야 할 것이다. 이로 인해 가정자산이 크게 쪼그라들게 해서는 안 된다.

예전에 비싼 포도주가 잘 팔릴 때 장사꾼들은 포도주에 물을 섞어서 판매한 적이 있다. 속여서 이득을 취하기 위해서다. 그렇게 물을 섞으면 포도주의 맛이 흐려진다. 포도주 본연의 맛을 잃어버린다. 미각이 둔한 사람은 모르겠지만, 포도주 매니아라면 맛이 이상하다는 것을 알아차릴 것이다.

얼마 전 필자의 집에서 가까운 주유소가 문을 닫았기에 알아보았더니 정품 휘발유와 경유에 신나를 섞어서 팔다 걸렸다는 것이다. 지하에 있는 연료탱크에 값싼 신나를 몇 양동이 붓는다고 표시가 날까 하는 생각으로 정품 연료를 흐리게 만들어 버린 것이다.

예전에 필자도 집 장만하고 애들 둘을 키우느라 너무 가정경제가 힘들어 신나를 직접 사다가 섞어서 자동차에 넣고 다닌 적이 있다. 휘발유와 신나를 몇 대 몇으로 섞으면 된다는 공식까지 유행했던 시절이 있었다. 정품이 아니기에 시동이 언제 꺼질지 불안해하며 주행하곤 했다. 여름휴가 때 신나 두 통을 트렁크에 싣고 신나게 여행 간 적도 있다.

이렇게 가짜를 섞어도 운전자는 눈치채지 못했지만 아무 생각 없는 자동차는 가짜라는 것을 눈치챘다. 가짜는 언젠가는 드러나게 된다. 이렇게 하는 이유도 물론 속여서 이득을 취하기 위해서 그렇게 한 것이다.

이렇게 정품을 그대로 사용하지 않고 무언가를 가감해서 판매하는 물품의 종류는 수도 없이 많을 것이고, 그렇게 살아가는 상인들과 업자도 한둘이 아닐 것이다.

종교를 말하다가 왜 이런 이야기를 하냐고 궁금해할 것이다. 모든 종교는 창시자의 가르침을 기록한 경전이 있다. 경전을 정품이라고 생각해 보자. 그 경전을 그대로 말하지 않고 가감하고 다르게 전달하는 사람은 정품에 가짜를 섞는 상인들과 다를 것이 없다는 것이다. 다 그렇지 않겠지만 사제들이 다르게 전하는 이유는 마찬가지로 이득을 취하기 위해서다. 자신을 따르게 하려고 어그러진 말을 하는 것이다.

어그러지게 가르치는 것 중에 대표적인 것이 바로 성전, 성당, 불당, 사원 건축이다. 여기에서 단어부터 틀리게 가르치고 있다는 것을 당신은 알아야 할 것이다. 성전 건축이란 단어는 신약에서는 사용하고 있지 않다. 신약성경은 복음을 전하는 데 큰 건물을 지으라고 말하고 있지 않다. 불교도 마찬가지다. 석가모니는 한 번도 사찰을 크게 지으라고 말한 적이 없다. 그런데 눈을 들어 세상을 보면 큰 교회 건물, 으리으리한 성당, 웅장해 보이는 사찰, 그리고 아파트만 한 불상을 만들어 놓았다. 이러한 건물을 세우기 위해 여러분에게 엄청난 헌금, 시주를 요구했을 것이다. 그리고 어그러진 말로 신앙심이, 불심이 좋다고 칭찬해 줄 것이다. 정품인 경전에서 벗어난 흐려진 경전이다. 그런데 신자들은 정품인 경전을 보지 않고 어그러진 말을 들으며 그토록 힘들게 모은 돈을 건축헌금에 내고 만다.

　대형교회를 다니는 지인의 삶을 들은 적이 있다. 성도 수가 늘어나서 성전 건축 프로그램을 만들어 몇 년간 건축자금을 모으는데, 수없이 많은 종류의 헌금이 주어졌다고 한다. 대부분의 성도는 집을 팔아 전세로, 전세 사는 사람은 전세를 빼고 월세로, 월세 사는 사람은 더 작은 월세로 옮겨 가며 헌금을 했다고 한다. 이 정도는 약과라고 한다. 대출을 받아 헌금을 하는 성도도 많았다고 한다. 교회는 세워졌다. 하지만 성도들은 빚을 갚느라 매우 힘들게 살아갈 것이다. 아마도 평생 갚아야 할 것이다. 대형교회가 여러분의 헌금의 헌신을 보고 낸 것보다 몇 배로 만들어 줄 거라고 생각하고 있다면 큰 오산이다.

　왜 이렇게 모든 종교가 건축에 미쳐 있는가? 과시하고 싶어서겠지만 알고 싶지도 않다. 필자가 말하고 싶은 것은 잘못된 가르침으로 인해 여러분의 재산이 아주 많이 쪼그라들어 죽는 날까지 힘들게 살아가야 한다는 것이다.

　다시는 건축헌금에 여러분의 자산이 쪼그라들지 않게 그래서 힘들게 살지 않길 필자는 바랄 뿐이다.

잘못된 종교에 속지 않는 방법
아무리 강조해도 부족하다. 이상한 종교에 빠져 재산을 쪼그라뜨리고 가정파탄으로 가게 해서는 안 된다.

가짜 종교에 속지 않기 위해서는 두 가지를 고려해야 한다.

첫째는 상식과 이성이 통하는 종교인지 깊이 생각해 보아야 한다.

이단종교라고 판정되었다면 논하고 싶지도 않다. 왜냐하면 정통 종교도 경전에서 벗어난 어그러진 말을 전하는데 알려지지도 않은 종교나 이단 종교는 안 보아도 뻔하다. 오로지 당신의 재산과 돈 그리고 육체까지 가져가는 데에만 목적이 있다. 양의 탈을 쓴 늑대일 뿐이다. 처음에는 선한 얼굴을 하고 당신 곁에 가까이 다가가겠지만, 언젠가는 발톱을 드러내어 당신과 당신 가정의 모든 것을 가져갈 것이다.

이제 우리나라에 오래전부터 전파되었고 최근 들어 사람들에게 많이 알려지고 있는 세계 3대 종교인 이슬람 종교를 이성과 상식을 가지고 잘 생각해 보자. 그들의 경전인 코란의 내용을 몇 가지만 읽어 보아도 상식과 이성에서 벗어났다는 것을 쉽게 알 수 있다. 그들은 일부다처제가 허용된다. 이슬람의 창시자 무함마드는 본처 외에 5명 이상의 처를 얻어 살았다. 상식에서 벗어났다. 여자들은 희생양일 뿐이다.

하루 다섯 번 무함마드의 출생지 메카를 향해 기도를 해야 한다. 메카에서 가까운 곳이라면 모를까 지구 반대편에 와 있는 이슬람 교인들은 메카의 방향은 알 수가 없다. 지구가 원 모양이니 어느 방향에 메카가 있는지 모른다. 지인의 사업장에 이슬람교인들이 많이 있는데 기도시간이 근무시간과 겹쳐 있다. 기도를 하는지 안 하는지 지켜보았는데 아무도 안 했다. 돈이 더 중요한 것이다. 그냥 형식적이다.

일 년에 한 번 있는 라마단 기간 동안 금식을 한다. 금식을 하는 이유는 대부분 알라신에 대한 충성심의 증거 중의 하나다. 해가 떠 있는 동안 금식을 해야 한다. 낮에 거룩한 척 금식을 하지만 하루도 참지 못하고 밤이나 새벽에 잔뜩 먹는다. 그것이 신에 대한 올바른 금식인지 생각해 보라.

개신교의 성경은 AD 100년 이전에 다 완성되었고, 불경은 AD 500년쯤에 그리고 이슬람의 코란은 AD 600년경에 쓰였다. 성경은 역사서다. 시간 순서에 따라 사실적으로 기록되었다. 불경은 역사서가 아니다. 석가모니의 가르침 즉, 좋은 말들이 쓰여 있다. 코란은 무함마드(마호메트)가 가브리엘 천사의 지시에 따라 쓰였다고 한다. 성경에서는 몇 번 나오지도 않는 가브리엘 천사가 무함마드에게는 수시로 나타났다고 기록되었는데 의구심이 든다. 아무도 본 적이 없다. 즉, 코란은 역사서도 아니고, 좋은 가르침도 아니다. 그냥 성경 내용에서 따 와서 자기 나름대로 꾸며서 붙여넣기 하거나 가감한 것이다. 일관성이 없는 서사시일 뿐이다.

이슬람교에서 말하는 천국이 얼마나 상식에서 벗어나 있는지 알아보자. 먼저, 이슬람에서 천국으로 선택 받은 사람은 다음과 같은 복을 누린다고 쓰여 있다. 천국에 가게 되면 진주, 다이아몬드를 마음껏 갖게 되고, 대리석 궁전에서 살며, 맛있는 음식과 포도주가 언제나 지급된다고 말한다. 또한 수많은 시종들을 거느리고 천 년이나 쾌락을 즐긴다고 쓰어 있다. 세나가 천국의 천녀(매우 아름답고 눈부시며 순결하고 검은 눈동자를 가진 여자) 72명을 갖게 된다고 기록하고 있다. 즉, 천국에도 계층이 있고, 시중을 들 노예도 있다는 뜻이다. 이 기록을 당신은 어떻게 생각할까? 그냥 만들어 낸 판타지일뿐이고, 여성 독자라면 가고 싶지 않은 천국일 것이다. 다음 장에서도 말하겠지만 중요한 것은 절대적인 예언자 무함마드가 기적이나 예언을 한 적이 없다. 성경에서 유대인들이 예수에게 기적을 요구했듯이, 메카인들이나 메디나인들이 무함마드에게 기적을 요구했지만 실제 기적을 일으켜 보인 적이 없다. 본 사람은 없는데 기적은 기록되어 있다. 그 기적도 상식 수준 이하이다.

기록된 기적 하나만 말해 본다. 마호메트가 한 말이 달을 향해 올라갔고, 그의 말이 달을 산산이 쪼개 놓았고, 달은 복종하여 마호메트의 웃옷으로 들어갔다가 소매를 통해 나왔다는 내용이 있다. 물론 아무도 본 적이 없다. 말도 안 되는 판타지소설이다. 달은 예전이나 지금도 변함이 없이 지구를 돌고 있다.

다시 한번 말하지만 기적과 예언이 없으면 종교가 아니다. 그냥 철학이다. 무함마드가 천사의 말을 꿈을 꾸듯 기록하였다는데 천사가 그렇게 하는 것은 아무도 본 적이 없다. 그 사람 혼자의 이야기다. 무함마드의 꿈 이야기를 목숨 걸고 믿는 당신의 생각이 궁금하다. 누군가 당신에게 꿈속에서 천사를 만났다거나 환상을 보았다거나 하는 이야기를 할 때 당신은 그것을 모두 신뢰하고 당신 인생을 그 사람에게 올인하라면 그렇게 하겠는가? 아마 바보라고 생각할 것이다. 하지만 지금 지구상에서 가장 많은 사람이 믿고 있는 종교가 한 사람의 꿈 이야기에 목숨까지 바치며 믿고 있다. 그들의 신이 전지전능하다면 신이 심판하면 되지 왜 사람들끼리 심판하며 싸울까? 그들이 항상 외치는 '신은 위대하다'는 말만 하지 말고 그들의 신이 위대했던 기록을 보여 줄 수 있는지 묻고 싶다.

결론적으로 필자가 이슬람 종교에 대해서 모든 것을 알고 판단할 수는 없다. 이슬람 종교를 갖든 말든 당신의 자유고 당신의 선택이다. 필자가 관여할 일은 아니다. 다만 이 종교를 통해 당신의 가정이 폭력성마저 충성으로 여기는 종교에 헌신을 다하며 가정자산을 바치며 가정이 파탄 나는 일이 없기를 바란다.

둘째는 기적과 예언이 있는지 깊이 생각해 보아야 한다.

참종교를 판단하는 가장 확실한 기준은 하나라고 본다. 참으로 당신이 믿는 종교가 예언과 기적이 있는지, 없는지만 구별하면 된다.

당장 눈앞에 기적이 일어나지 않더라도 과거에 기적이 있었는지 기록이 되었는지 확인하면 된다. 모든 종교는 가르침을 인도하는 책이 있을 것이다. 기록된 바 기적이 있었는지, 예언이 있었고 맞았는

　　　　　　　　속이는 기술

지 확인하고 판단하면 된다. 이 두 가지가 없는 종교는 가짜라고 생각하면 된다.

우리는 이순신 장군이 거북선을 만들게 하여 왜구와 싸웠다는 임진왜란이 있었다는 것을 믿는다. 본 적은 없지만 사서와 난중일기를 통해서 그런 일이 있었다는 것을 믿는다. 그 역사서가 거짓이었다면 지금까지 전해지지 않았을 것이다. 지금 필자가 말하고 싶은 것은 여러분이 믿는 종교의 가르침의 책에 좋은 말만 기록된 것 말고, 다시 한번 강조하지만 기적과 예언이 기록되어 있느냐는 것이다. 두 가지가 없다면 종교가 아니고 좋은 이야기책일 뿐이다. 잘 생각해 보자. 당신이 믿는 신이 아무 능력도 없다면 그것은 신이 아니다. 그리고 아무 능력도 없는 신에게 자기 인생을 걸고 믿을 필요가 없다. 만약에 종교를 선택하고 신을 믿어야 한다면 가장 강한 신을 믿어야 하지 않을까?

예언도 마찬가지다. 미래의 일을 미리 맞히는 것이 예언이다. 예를 들어 '당신의 자녀가 5년 안에 좋은 사람 만나서 결혼하게 되겠습니다'라거나, '당신의 자녀가 몇 년 안에 좋은 직장에 들어가겠네!'라고 점괘를 말한다면 이건 예언이 아니다. 간단하게 필자가 '당신은 백 년 안에 죽습니다'라고 말한다면 당신은 필자에게 점을 잘 본다고 믿고 따를까? 비웃을 것이다.

예언이라는 것은 이렇게 말해야 한다. '당신의 자녀가 5년 후 몇 년 몇 월 몇 일에 몇 시에 어느 기여 무슨 예식장에서 결혼하는데 주

례는 누구이고 사회자는 누구이고 하객은 누구누구가 올 것입니다'
라고. 그리고 당연히 5년 후에 그렇게 되어야 한다. 그런 점쟁이 있
다면 그 사람이 예언자고, 필자에게도 소개 부탁한다. 이렇게 예언
하는 사람 말고는 복채를 주며 점괘를 보고는 돈을 잃어버리는 일이
없도록 해야 한다.

　다른 종교도 다 마찬가지다. 특히나 이단 종교는 교주가 반드시
있는데 그 교주를 따르기 전에 필자가 말했듯이 교주에게 예언이나
기적을 일으킬 수 있는 능력이 있는지 반드시 확인해 보기 바란다.
꿈꾼 이야기를 한다거나, 환상을 보았다든가 하는 이야기를 듣고 교
주를 믿거나 따라다니는 일이 없도록 해야 한다. 참으로 지금 말하
는 것은 믿고 따라다니는 것으로 끝나는 것이 아니라 반드시 당신의
재산을 빼앗기는 강요를 당하게 될 것이기 때문이다. 여러분이 피
땀 흘려 모은 돈을 아무 능력도 없는 이상한 종교에 가져다 바쳐 결
국은 재산이 쪼그라들어 힘들게 살아가는 일이 없길 바란다. 바꾸어
말하자면 교주가 능력이 있고 기적을 일으키는 사람이라면 당신의
돈이 필요할까? 깊이 생각해 보기 바란다.

　얼마 전에 이단 종교에 빠진 지인이 필자에게 전도차 와서 '자기
교주가 초등학교도 졸업 못 했는데 성경을 달달 외우고 풀이하는데
이 사람이 바로 선지자입니다'라고 여러 가지 말을 늘어놓기 시작했
다. 필자는 '여러 말 필요 없고 지금 내가 감기에 걸렸는데 낫게 해
주면 생각해 보겠습니다. 아니면 물에서 세 발짝이라도 걸어가는 것

을 보면 생각해 보겠습니다'라고 했더니 그들은 아무 말도 못 했다. 필자는 항상 원한다. 내가 모든 인생을 걸고 믿고 따라야 할 신이 필요하다면 그 신은 전지전능해야 한다고. 아무 능력도 없는 말쟁이를 내가 왜 믿고 헌신해야 하는지 언제나 묻고 싶다.

코로나가 발병하기 전에 '앞으로 코로나가 발병하여 전 세계를 힘들게 할 것이다'라고 예언하는 사람을 한 사람도 본 적이 없다. 필자는 여러분에게 묻고 싶습니다. 코로나처럼 큰 사건을 왜 미리 예지하지 못할까요? 당신들이 믿는 신은 바보입니까? 벙어리처럼 말을 못 합니까? 한 걸음도 움직이지 못합니까? 집 안에 모셔 둔 신들은 여러분을 위해 도대체 무엇을 하고 있단 말입니까? 당신이 믿는 교주는 왜 지금 전 세계에 일어나고 있는 큰일들을 미리 하나라도 말하지 못합니까? 홍수가 나면 신이 여러분을 구해야지 집 안에서 뛰쳐나올 때 왜 당신이 집 안의 신(神)을 들고 나옵니까?

당신이 수년간 당신 종교에 가져다 바친 돈을 계산해 보라. 당신은 누군가에게 사기를 당해 돈을 잃고 몇 날 며칠 잠을 못 자게 된다. 그런데 속아서 종교에 갖다 바친 돈은 아무렇지 않게 생각한다. 만약 당신이 어려움에 처해서 그동안 종교에 갖다 바친 돈의 조금이라도 돌려줄 수 있는지 한번 시험해 보라. 돌려주는 종교가 있는지 시험해 보라. 한 곳도 찾지 못할 것이다. 당신이 믿는 신은 당신에게 돈을 원하면서 당신이 어려울 때 한 푼도 도와주지 못하는 신이었는지 생각해 보긴 바란다.

당신이 믿는 신을 사랑하기 전에 그 신이 먼저 당신을 사랑하는지 확인해야 한다. 신인식(神認識) 즉, 인간이 먼저 신을 알 수 없다. 신이 먼저 인간에게 존재를 알려 주어야만 신을 알 수 있다. 그러므로 당신을 구원해 줄 신이 있다면 먼저 사랑을 보여 주어야만 한다. 그 신이 주는 놀라운 사랑 때문에 당신의 가슴이 터질 것 같은 느낌을 느껴 본 적이 있는지 생각해 보아야 한다. 당신을 사랑하지 않는 신은 가짜다. 당신에게 목숨을 바치라고 하며, 힘과 무력으로 경전을 전파하라고 하며, 가정을 파탄 내며, 당신이 가진 모든 재산을 요구하고 힘들게 살라고 하는 신은 가짜다. 다시 한번 말하지만 그 신은 전능하지 않다는 뜻이 된다.

신념과 이념에 논쟁하고 싶은 것이 아니다. 아무쪼록 여러분의 재산을 이상한 종교에 넘기고 힘들게 살아가지 않기를 필자는 몇 번이고 말해 주고 싶다. 참으로 아무도 교묘한 말로 당신을 속이지 못하게 올바른 지식과 지혜와 총명으로 마음과 생각을 무장해야 한다.

참신(神)은 당신의 돈을 원하지 않는다. 당신의 행위를 원하지 않는다.

당신의 믿음을 원한다. 당신의 그 참된 고백을 듣고 싶어 할 뿐이다.

말린 생각

지은이: 저자

끈으로 묶어 놓은 두루마리 편지를 찾았다.

끈을 풀어도 두루마리는 펴지지 않는다.

처음에 편지를 쓰고 종이를 말려고 해도 잘 안 말렸는데

이제는 펴려고 해도 펴지지가 않는다.

내 생각이 왜 이렇게 되었을까?

내 생각이 왜 이렇게 말려 있을까?

내 생각을 빼앗겨 버려 누군가에게 말려 버린 삶이 되어 버렸다.

무슨 내용이었나 보고 싶어 두루마리 편지를 펴 보았지만

금세 말려 버려 볼 수가 없었다.

너무 오랫동안 누군가에게 말려 있었나 보다.

세월이 지나고 보니 나는 누군가의 노예가 되어 있었다.

복종하고 있는 허울의 나는 누구일까?

속임이 아니더라도 가정의 자산이 줄어드는 이유

나는 놈 위에 노는 놈

최고의 자녀교육은 함께 노는 것이다.

당신의 자녀를 육체적으로, 정신적으로 건강하게

자라게 할 것이며 창의성으로 무장하게 될 것이다.

자녀 학원비의 불편함

자녀 교육비로 당신의 자산이 쪼그라들고, 노후마저 힘들게 해서는 안 된다.

우리 국민성 중에서 좋은 면도 많지만 안 좋은 면 한 가지를 말하라면 쏠림현상이다. 개인의 생각이나 주관이 없이 남이 하니까 하는 쏠림현상이다. 그래서 그런지 아직 노벨상을 수여받은 사람이 없다는 것은 의미가 깊다. 김대중 대통령의 평화상 말고, 노벨 문학상이라든가 화학상, 물리학상 등등 수여자가 없다. 가까운 일본도 노벨상을 받은 사람이 몇십 명 된다. 그렇다면 우리 민족이 머리가 나빠서일까? 전혀 그렇지 않다. 아주 우수한 두뇌를 가진 민족이다. 그렇다면 이유가 뭘까? 아마도 틀에 박힌 학교수업과 학원수업이 주원인이라고 생각하지만 쉽게 바뀌지 않을 일이다.

당신의 자녀를 키우기 위해 들어가는 사교육비는 당신 가정의 재산을 쪼그라들게 할 것이다. 학원비와 선행학습, 공부에 관심도 없는데 보내는 대학과정을 통해 아주 많은 돈을 필요로 한다. 아이의 재능과 방향에는 상관없이 남이 하니까 따라 하는 것이고, 내 아이가 뒤쳐지면 어떡하나 하는 불안감 속에 어쩔 수 없이 한다.

주변에서 한 명밖에 없는 자녀를 가르치기 위해 비싼 과외를 시켜 주는 부모를 많이 본다. 지인 중에는 그렇게 자녀를 위해 초등학교 때부터 비싼 과외를 시켰고 고등학교도 사립고등학교로 진학했고, 대학교까지 배운 과정은 상상을 초월했다고 한다. 피아노학원, 태권도, 미술학원, 음악학원, 영어학원, 제2외국어까지 보내다 보니 달에 수백만 원씩 자녀 학원비로 지출되었다고 한다. 그분이 그렇게 부유층도 아니었다. 그 아이는 어른이 되어서 전공과는 전혀 다른 조그만 회사와 알바를 전전하다가 결혼해서 아이 키우느라 힘들게 살아가고 있다. 그 자녀가 배웠던 영어는 거의 써먹을 일이 없고, 외국인과 대화도 못 한다. 피아노는 치지 않은 지 오래여서 감각이 무디어졌고, 배웠던 미술도 거의 사용할 일이 없다고 했다. 그렇게 가르치느라 가정경제는 줄기만 했다고 한다.

지금 이 책을 읽는 당신도 부모가 그렇게 공들여 가르쳤을 것이고, 당신의 자녀들에게도 지금 같은 길을 걸을 확률이 크다. 당신이 증인이다. 당신이 학창 시절 주야로 외우고 배웠던 것들은 대부분 머릿속에서 잊혀져 기억에 없을 것이다. 필자는 수능을 준비할 때 독서실에 몇 달 있었는데, 옆자리에 앉아서 공부하는 학생을 보고 놀란 적이 있다. 그는 한번 독서실 책상에 앉으면 15시간 동안이나 먹지도 화장실도 안 가고 공부를 하였다. S대 가는 것이 목표라고 했다. 더 놀란 것은 영어단어책을 거의 다 외우고 있었다. 7,000단어짜리 단어책이었는데 얼마나 외웠는지 글자가 보이지 않을 정도로 때가 탔다. 필자도 영향을 받아 영어단어를 외웠지만 1,000단어를 넘지 못했다. 지금은 세월이 지나 생활단어 외에는 하나도 기억

속이는 기술

나지 않고, 직업도 영어와는 전혀 무관하니 사용할 일이 전혀 없다. 게다가 외국인을 만나면 '땡큐'와 '아임쏘리' 외에는 할 수 있는 말이 없다. 그것도 발음이 정확하지 않아 외국인들이 낯설어한다. '땡큐 (THANK YOU)'의 'TH' 발음은 콩글리쉬로 하면 이상하게 들린다고 한다. 한국인이 잘 표현 못 하는 발음이다.

지금 생각해 보면 왜 그렇게 많은 시간을 투자해 사용하지도 않을 단어를 외웠는지 이해가 가지 않는다. 오히려 놀라운 건 영어공부를 잘 못 했던 친구가 오히려 미국에 몇 번 왕래하더니 회화를 더 잘한다는 것이다. 기술직으로 캐나다나 미국 그리고 호주로 이민 가는 사람들이 꽤 있다. 이민 조건 중에 영어회화를 어느 정도 해야 하는데 중년의 나이에 서툴지만 더듬더듬 다 하는 것을 보았다. 삶에서 닥치면 한다는 것을 쉽게 알 수 있다. 그리고 누구나 한다. 잘 생각해 보면 우리의 선행학습과 과외학습은 들인 돈에 대한 효율이 얼마나 많이 떨어지는 행동이라는 결론이 나온다.

우리나라는 문맹률이 낮아서 대부분의 사람이 글을 읽고 쓴다. 요즘 글을 읽지 못하는 사람을 본 적이 없다. 우리나라 성인이면 다 글을 읽고 쓴다고 봐야 한다. 그런데 젊은 부모들을 보라. 초등학교 들어가면 다 배우는 한글을 유치원 때부터 학원과외를 시켜서 배우게 한다. 이것을 선행학습이라고 한다. 여기에는 돈이 들어간다. 남이 하니까 더 한다. 돈 주고 다 배워서 초등학교에 들어오니 선생님은

할 게 없다. 오히려 안 배우고 들어온 아이를 이상하게 생각한다. 그렇게 하지 않아도 다 알게 되는 한글을 돈을 들여 배우게 하고, 가정의 자산이 줄어들게 방치하는 것은 꽤 어리석은 행동이다. 잘 생각해 보라. 어렸을 때 영재들이 성인이 되어서 어떻게 살아가는지 조사해 보면 그냥 평범하게 살아간다. 어렸을 때 빨리 가르쳐야 된다는 생각은 속임수에 불과하다. 당신이 경험자다. 그러면 필자가 질문해 본다. 당신이 지금 무언가 배운다고 해서 늦었다고 생각하는지? 전혀 그렇지 않을 것이다. 필자는 어려서(가난해서 배울 여력도 안 되었지만) 돈 주고 배운 것이 없다. 성인이 되어서야 늦게 하나하나 시작했지만 금세 쉽게 배웠다. 악기도, 운동도, 직업인 기술도, 외국어도 늦게 배웠어도 문제가 될 것이 없었다. 오히려 갈망하고, 필요에 의해서 스스로 선택해서 배우니 집중력도 좋았다. 결코 늦었다는 생각이 들지 않았다. 물론 여유가 있어서 먼저 배우는 것이 잘못되었다는 것은 아니다. 가정경제가 어려운 상황에서 재능에 상관없이 무리하게 가르칠 필요가 없다는 것이다. 남에게 속아서 돈을 잃게 되면 분을 참지 못하면서, 자녀에게 도움이 되는지 안 되는지 파악도 안 해 보고 들어가는 고가의 교육비는 잃어버리는 돈과 같은데도 분하다고 생각하지 않는다.

학원에 보낼 돈이 없어 미안해 하는 부모와, 지방학원이라도 보내는 부모 그리고 경제적 여유가 있는지 아니면 대출이라도 받아서 서울의 유명학원으로 원정까지 보내는 부모들이 있다. 고가의 교육비

속이는 기술

를 들여 학원에 보내고, 대학에 보내고, 유학을 보내고, 대학원까지 보내는 이유를 물어보면 성공시키기 위해서라고 한다. 우리나라의 성공의 기준은 돈이다. 돈이 얼마나 많고 적느냐에 따라 결정된다. 명예가 있어도 돈이 없으면 성공이란 말을 붙이지 않는다. 그렇다면 자녀가 부자 되는 게 목표인데 우리 실정을 보면 대학까지 나와서 놀고 있는 청년들이 백만 명은 된다. 취업을 했더라도 빚 속에 파묻혀 산다. 이들을 키우느라 과외비를 대어 주었던 부모의 가정경제도 어려워졌고, 부모들은 어느새 나이만 들어 인생 후반기로 가고 있다.

지금 우리나라 교육정책을 논하고 싶지는 않다. 다만 당신의 가정이 무분별한 교육학습으로 재산이 줄어들지 않는 방법을 말하고자 할 뿐이다.

공부 잘하는 것이 부자가 되는 것과는 크게 관련이 없다면 어떻게 해야 할까? 영재의 특징을 보이지 않는 이상 학원비를 과다하게 지출해서는 안 된다. 인생에 꼭 필요한 것만 가르치자. 평생 물에서 생명을 지켜 줄 수영, 자신을 방어할 수 있는 운동, 머릿속의 상상력을 키워 주는 미술, 평생 노래방이나 어디 가서든 부를 수 있는 음악, 마음에 풍요를 주는 악기 같은 것과 가장 필요한 창의성을 아이들에게 가르쳐 줘야 한다. 우리나라 입시방법으로는 다른 나라 학생들보다 더 많은 것을 머릿속에 외우고 있을지언정 창의성은 많이 떨어진다는 것을 알아야 한다. 이런 치열한 경쟁구조에서는 그냥 로봇일 뿐이다. 창의성은 공부로 생기는 게 아니라 놀 때만 생긴다. 아이를 놀려야 한다. 산으로, 들로, 바다로 여유가 된다면 해외로 놀러 다녀야 한다. 어릴 때 생긴 창의성은 평생 함께하며 살아가는 인생 내내 도움을 줄 것이다. 어느 사회에 살던 앞서가는 사람이 될 것이다. 비싼 돈 주고 배웠던 스스로를 생각해 보라. 다 잊어버리고 남은 게 없지 않은가. 외웠던 것은 세월 속에 다 사라진다. 설령 그렇게 외웠던 것이 머릿속에 남아 있다고 해도 써먹을 일이 거의 없다. 사회에 진출하면 돈을 버는 일에 모든 관심이 집중되는 사람으로 바뀐다.

이제 우리는 학원에 보내지 않는 돈을 저축하자. 고이율을 주는 곳이 있다면 적금을 들고, 우량주식을 아이 앞으로 매달 사서 비축해 보자. 공부에 전혀 관심이 없다면 대학을 보내지 말고 그 학비를 돈으로 주어 보자. 20살 때 얼마 정도의 돈이 모일까? 못해도 2~3억 원의 돈이 모일 것이다. '나의 백만장자 아저씨'란 책의 내용 중에 30살 이전에 저수지통장을 만들어 1억 원 이상은 보유해야 30대가 수월해진다고 했다. 우리나라 청년 중에 30살 이전에 1억 원을 모은 청년은 상위 0.1%도 안 될 것이다. 필자는 신입사원이 입사할 때마다 모아 둔 자산을 물어본다. 단 한 명도 천만 원을 모아 둔 사람이 없었다. 모았더라도 자신의 욕구를 위해 다 썼다고 했다. 그렇다면 20살에 2억 원 이상 모은 당신의 자녀는 얼마나 앞서 있는지 잘 생각해 보라.

속이는 기술

부모가 해 줘야 할 것이 또 하나 있다면 초등학교 때부터 경제와 부동산을 가르쳐 주어야 한다. 돈의 흐름을 가르쳐야 한다. 환율과 주식 그리고 부동산의 관련된 규칙들을 어려서부터 가르쳐 주어야 성인이 되어서 속지 않고 돈을 잘 관리하게 된다. 수학의 미분과 적분, 영어단어를 죽도록 가르치고 외우게 해 봐야 살아가는 데 전혀 도움이 되지 않는다.

당신의 자녀가 돈을 관리할 줄 알면서 20세에 수중에 2억 원 이상이 있다면 얼마나 자신 있게 사회에 나아갈지 생각해 보라. 처음 1억 원을 만들기 어렵지, 1억 원을 만들면 10억까지는 쉽다는 사람들이 많다. 자녀가 남자라면 군대 2년 동안 저축해서 2천을 더 만들 수 있다. 2억 원은 자녀가 놀든 잠을 자든 이자를 계속해서 쉬지 않고 붙이고 있을 것이다. 대학등록금에 빚만 지고 취업도 안 되고 고시원 같은 작은 방에서 시작하는 청년들과 비교해 보라. 10년 후에 그들의 삶이 얼마나 벌어져 있을지 부모들의 눈으로 바라보길 바란다.

자녀를 건강하게 키워야 가정자산이 쪼그라들지 않는다. 여기에서 필자는 자녀 건강이 얼마나 중요한지 말해 주고 싶다. 자녀들을 놀지 못하게 하고 종일 학원과 과외수업을 시키고 나머지 시간에는 폰이나 태블릿 등의 화면에 집착하다 보면 어렸을 때는 ADHD(주의력결핍 과잉행동장애)에 걸리기 쉽고 청소년기에는 우울증이나 과

대망상증에 걸리기 쉽다. 이것은 필자의 생각이 아니라 인간은 자연에서 뛰어놀고, 자연과 함께 자랄 때 정서적으로 안정되게 프로그래밍되어 있다. 요즘 청소년들 중에 우울증과 심한 스트레스를 겪고 있는 사람이 많을 것이다. 당신의 자녀도 한 번쯤 겪고 있는지 잘 살펴보길 바란다. 공부는 못해도 된다. 그러나 정신적 장애와 육체적 스트레스를 받는 자녀로 성장한다면 실패한 자녀교육이다. 오히려 학벌이 좀 모자라도 밝고 명랑하며 남을 배려하는 사람으로 성장하는 것이 훨씬 낫다.

필자가 어렸을 때는 학원이 없었다. 쉬는 시간 10분 동안에도 운동장으로 뛰어나가 놀았고, 점심을 먹자마자 뛰어나가 놀았다. 하교 시간에는 산과 들을 밟으며 집으로 걸어갔고, 집에 가서도 동네 아이들과 밖에서 뛰어놀았다. 그 당시 땅에 오징어를 그려 놓고 상대랑 힘겨루기 하는 '오징어 게임'과 느티나무 밑에서 술래를 정해 놓고 숨바꼭질 하는 '무궁화 꽃이 피었습니다'란 놀이를 얼마나 많이 했는지 모른다. 방학 때도 하루 종일 놀기만 했다. 아침에 나가서 해가 질 때까지 놀았다. 여름방학이 끝나고 2학기 개학하는 날 보면 다들 얼굴이 까맣게 타 있었다. 한 친구는 수박서리를 하다가 주인이 쫓아오니까 수박을 들고 논밭으로 뛰다가 그 당시 똥을 퍼서 묻어 놓는 곳이 논 옆에 몇 군데씩 있었는데 똥 수렁에 빠져 똥독 때문에 병원에 입원했다가 왔다고 하였다. 개학 첫날 그 친구는 나를 보자마자 아직도 냄새 나는지 물어보기에 난 영문도 모르고 웃기만 했던 적도 있다. 지금처럼 스마트폰이나 볼거리가 없었기에 당연한 것이었는지도 모른다. 그 당시 학생들 중에 병원에 입원하는 친구를 한 명도 본 적이 없었고, 한 명도 우울증에 걸린 친구를 본 적이 없다. 다들 멍청해 보였고, 바보 같았지만 훗날 사회에 진출해서 다들 멀쩡히 잘살고 있다. 그렇게 어린 시절을 보낸 그들의 창의성이 지금의 우리나라 경제를 있게 한 주역이라고 생각한다. 당신의 자녀를 맘껏 뛰놀게 해야 한다. 얼마나 힘들게 놀았는지 저녁 먹자마자 바로 잠들 정도로 놀게 하자. 아이를 건강하게 자라게 하는 것이 당신 가정경제를 지키는 방법이라는 것을 기억하자.

이런 이유로 우리나라의 교육과정이 바뀌길 바라는 마음이 있다. 그것은 국영수 중심이 아닌 체음미 중심이 되어야 한다. 다시 말해 국어, 영어, 수학보다 체육, 음악, 미술이 우선시되어야 한다는 것이다. 체육시간을 제일 많이 할애하여 많은 운동과 놀이를 시켜야 건강하고 창의적인 아이로 자란다. 음악을 통해 아이들의 마음이 바다처럼 풍요로워지고 음계에 들어 있는 무한한 사랑의 감각신경을 배우게 해야 한다. 그래야 그들의 생각이 악해지지 않고 안정되고 건강한 가치관을 갖게 될 것이다. 그리고 미술을 통해 오감적인 표현력과 무한한 상상력을 키우게 될 것이다. 그러므로 체육, 음악, 미술시간은 학교 수업시간에 매일 있어야 한다.

그리고 과학을 배우게 해야 한다. 필자는 초등 시절 라디오에서 소리가 나오는 것이 너무 신기해 아빠 몰래 라디오를 분해했다가 고장 나서 엄청 혼났다. 그 당시 라디오는 엄청 비쌌다. 필자의 궁금증은 그렇게 성인이 되어서 트랜지스터란 전자부품을 알 때까지 묻히고 말았다. 어느 날 외국영화가 TV에서 방영되었는데 필자와 같은 어린아이가 라디오 소리를 듣고 신기해서 분해하는 장면이 나왔다. 다 분해하자 여러 가지 부품들이 바닥에 쏟아졌다. 그런데 그 아이 아버지가 와서는 부품들을 설명해 주고 잘했다고 칭찬을 하는 것이었다. 필자는 엄청난 문화적인 충격에 많이 놀랬다. 그 당시 필자도 그런 칭찬을 들었다면 인생이 바뀌었을 것이다. 어쨌든 과학 수업을 통해 우리가 접하고 있는 자연과 사물의 이치를 파악하고 실험을 통해 확신을 가지며 천문학을 관찰해 무한한 우주의 꿈을 꾸게 해야 한다. 그래야 이 광활한 우주에서 자신의 존재를 찾아갈 것이다. 이렇게 자란 아이들은 올바른 지혜를 갖게 될 것이며, 건강한 가정을 만들어 갈 것이다.

마지막으로 자녀교육에서 10년 후를 대비해야 한다. 당신이 수년 동안 많은 돈을 들여 주입식 교육으로 외우게 했던 자녀의 지식은 단 몇 초 만에 모든 지식을 입력해 버린 AI(인공지능)에게 밀려서 설 자리를 잃게 될 것이다. 지식의 직업을 다 빼앗아 갈 것이다. 외우거나 데이터를 논하는 것은 AI를 절대 이길 수 없다. 당신 자녀의 교육에서 중요하게 생각하는 국어는 AI가 더 논리적으로 앞설 것이며, 어려서부터 가르치던 외국어는 AI가 모든 언어를 통합할 것이며, 학창 시절부터 머리를 싸매며 풀었던 수학은 아무리 복잡해도 몇 초

안에 AI가 모든 연산을 마칠 것이다. 이렇듯 세상에 섞여 남이 하는 틀에 박힌 패턴의 교육은 통하지 않을 것이다. 그러므로 자녀에게 어떤 교육과 진로가 최선인지 지금부터 신중히 생각해야 한다. 미래가 어떻게 흘러갈지 정확히는 알 수 없어도 현재 당신의 소중한 돈을 무분별한 교육비로 탕진해서는 안 된다.

나이 들어 가며 생기는 노화와 질병을 피하기 위해

돈으로 발버둥 치지 말자.

우리는 모두 죽음을 향해 달려가는

시간이라는 운동장에 갇혀 있다.

시간에게 자비란 없다.

우리가 달려가든 걸어가든 서 있든

우리 모두를 죽일 것이다.

큰 질병에 대한 대처법

고액의 병원치료비로 당신의 가정자산이 쪼그라들게 해서는 안 된다.

병이 생길 수밖에 없는 생활을 하고 병원에 가는 것보다 병이 생기지 않는 생활을 하고 병원에 가지 않는 것이 낫다. 마찬가지, 국가는 의사와 간호사가 부족하다고 대책을 세워 인력을 늘리지 말고 아픈 사람들을 줄이면 된다. 국가는 학생과 국민들에게 강제로라도 운동을 시켜야 한다.

시멘트 독으로 둘러싸인 집에 살고, 플라스틱을 먹고 만지며, 언제나 전자파에 노출되어 있으며, 뻣뻣한 목을 만지며 컴퓨터를 하고, 밤에 잠을 잊어 가며 일을 하거나 게임을 하고, 오장에 독이 되는 인스턴트 식품의 야식을 매일 먹고, 운동을 하지 않는 당신은 건강을 잃고 병원 신세를 져야 하는 대기자다. 순서는 금세 올 것이다.

유럽의 어느 나라는 국민 모두에게 운동서클에 가입하게 해서 운동을 하게 하고 있다. 물론 무조건 강제가 아닌 서클 활동에 가입해서 운동을 하면 세금을 깎아 주거나 각종 혜택을 주는 방법이다. 집에서 가까운 곳에는 언제나 운동을 할 수 있는 시설이 있고, 시설에 따른 체육강사들이 운동을 지도해 준다. 그러다 보니 국민들은 자율적이든 타의적이든 운동을 하게 되니 아픈 사람도 적어지고, 병원에 간 일이 적어져 가정 의료비 지출도 적어지고, 국가가 지분해야 하는 의료비도 적어졌다. 아프지 않으니 일터와 가정에서 행복하게 살 수 있는 시스템이다.

우리나라를 보면 국민이 일 중독이다. 여유 없이 쉬지 않고 일을 하니 병에 걸리는 사람이 많고, 운동할 시간도 없이 언제나 바쁘다. 퇴근 후 지친 몸을 달래고자 술과 야식으로 밤을 보내는 시간이 많아진다. 이런 삶은 병이 생기지 않을 수 없다. 학생들도 마찬가지다. 한창 뛰어놀아야 할 시기에 앉아서 공부만 하게 한다. 공부하지 않고 놀면 큰일 나는 줄 안다. 이 시절부터 병의 시작점이다. 이렇게 어린 시절부터 정년퇴직하는 그날까지 몸을 혹사한다. 그리고 나이 들면 요양원에 들어가 다 챙겨 주는 삶을 접한다. 그렇게 다 챙겨 주는 요양원의 삶은 운동에서 멀어진다. 이러한 이유들로 병원은 언제나 만원이다. 종합병원에 가 보면 왜 이렇게 사람이 많은지 이해할 수 없을 때가 많다. 모든 사람이 병원에 와 있는 것 같다는 생각이 들 때도 있다.

여러분이 서울의 종합병원에 예약을 하고 검진을 받는 경험을 해 보았을 것이다. 얼마나 시간과 돈이 필요한지 알았을 것이다. 큰 병이라도 걸리면 병원 주변에 월세를 얻어야 할 정도이다. 간병인도 필요하니 몇 달만 치료하면 가정경제는 거의 무너진다. 이렇게 당신의 돈이 결국은 망가진 육체를 살리고자 다 사라지게 될 것이다. 몸을 혹사해서 병에 걸리고 혹사해서 번 돈으로 병을 치료한다면 상식적으로 맞지 않는 논리이다. 차라리 몸을 혹사하지 않고 적게 벌고 병에 걸리지 않는 삶이 더 낫지 않을까?

건강은 어렸을 때부터 지켜야 한다. 성인이 되어서도 하루의 일과 속에 반드시 운동계획을 세워야 한다. 돈을 적게 벌더라도 운동과 규칙적인 생활습관을 들여야 한다. 부부시간에도 운동을 하면 돈을 주자. 그게 당신 가정과 가정경제를 지키는 방법이다. 건강을 잃으면 아무리 돈이 많아도 다 놓아야 한다. 열심히 삶과 가정을 위해 달려가다가 큰 병 선고를 받고 자동차 급브레이크 밟듯 모든 것을 놓아야 하는 경우가 온다면 큰 비극이 아닐 수 없다. 운동을 하고 몸에 좋은 것을 먹고 건강한 마음가짐을 지켜서 병원에 가지 않는다면 훨씬 큰 이득일 것이다.

큰 병에 걸렸을 때 대처를 잘못하면 가정자산을 다 잃어버릴 수 있다

여기서 큰 병(대부분 암이지만)인 암에 걸렸다면 어떻게 대처해야 할지 생각해 보자.

암에 걸렸을 때 모든 재산을 치료비로 탕진하고 죽을까? 그냥 죽을까? 고통스럽게 치료하다 죽을까? 그냥 진통제로 연명하다 죽을까? 스스로 깊이 생각하고 판단을 해야 한다.

필자는 국가건강검진에서 갑상선에 혹이 있으니 큰 병원에 가서 검사를 받아 보라는 통보를 받았다. 갑자기 사형판결이라도 받은 듯 두려운 마음으로 큰 병원 예약을 하고 가서 세침검사를 받았다. 며칠 후 결과가 나왔는데 갑상선암이라고 의사가 말했다. 5미리 정도의 암이고, 갑상선은 암만 제거하는 치료법이 없고 갑상선을 다 도려내야 한다며 빨리 날짜를 잡자고 했다. 의사는 빨리 수술하지 않으면 죽을 것처럼 공포를 주었다. 필자는 고개를 떨구며 힘없이 걸어가며 살아온 삶을 생각해 보았다. 가족에게 암 통보를 해야 하는 것도 마음 아팠다. 갑상선을 절개하고 평생 호르몬 약을 먹으며 살아야 하는구나 생각하고 집에 와서 갑상선 암에 대해 여기저기서 정보를 모았다. 정보는 희망적이었다. 갑상선암은 제자리암이고 대부분 죽을 때까지 모르고 지내는 사람도 많다고 했다. 어느 의사는 수술하지 말고 추적관찰을 해서 급격히 자라지 않으면 그냥 암과 함께 살다가 나이 들어 함께 죽는 게 가장 좋은 방법이라고 했다. 갑상선암에 걸려도 갑상선의 기능은 문제가 없다고 했다. 매년 초음파 검사를 하는데 자라지도 않고 살아가는 데 아무 이상도 없다.

그렇게 수년이 흘렀다. 처음 그 의사 말만 믿고 수술하고 갑상선을 제거했더라면 얼마나 후회했을까? 무조건 수술을 유도해 이익을 취하는 그 병원은 다시는 가지 않았다. 옛날의 드라마 한 편을 보면 그 시대를 대충 알 수 있듯이 지금 병원을 보면 다른 병원도 대충 알 수 있다. 물론 모든 의사가 양심적이지 않다는 말은 아니다. 정말 사람을 살리기 위해 최선을 다하는 의사들이 훨씬 많을 것이다. 그러나 병원의 수익구조는 바뀌지 않을 것이다.

주변에 지인들 중 암 수술을 받고 암을 제거했지만 대부분 재발했다. 짧으면 1년 내에 재발했고, 길어야 10년 이내에 재발했다. 그리고는 영영 이별했다. 암 덩어리를 제거해도 몸 어딘가에 암세포가 있다면 재발한다. 당신의 생활습관을 바꾸지 않으면 반드시 재발한다.

여기서 생활습관이란 무엇인지 이야기해 보자. 당신이 암 덩어리를 제거하고 완치됐다고 의사한테 통보를 받고 기뻐하지만, 생활습관을 바꾸지 않으면 반드시 재발한다. 생활습관이란 먹는 것, 운동하는 것, 그리고 마음가짐이다. 이 세 가지가 바뀌지 않으면 또 재발한다. 우리가 아프거나 다치거나 질병으로 병원에 가면 대부분 의사와 간호사가 다 알아서 해 준다. 우리는 할 게 거의 없다. 치료 잘받고 먹는 약 꾸준히 먹으면 낫는다. 하지만 암은 다르다. 암세포는 우리의 마음가짐과 밀접한 관련이 있다. 부정적인 생각이나 나쁜 생각 그리고 스트레스를 받으면 암은 만세를 부르고, 면역세포인 T세포는 고개를 숙인다. 긍정적인 생각과 희망적인 생각을 하고 그렇게 행동하면 암은 고개를 숙이고, 면역세포는 만세를 부른다. 치료 이전에 내가 변해야 살 수 있는 게 암이다.

암은 대부분 제자리암이다. 잘 자라지 않고, 전이되지 않는다는 뜻이다. 암 선고를 받았다는 것은 크기에 따라 1기, 2기, 3기, 4기 등으로 나누어 진단을 내릴 것이다. 사실 크기로 나누면 안 된다. 이 암이 제자리암인지 아니면 전이가 되는 암인지 악성인지로 나누어야 맞다. 몇 기든 간에 갑자기 생긴 것이 아니다. 수년 또는 수십 년 동안 천천히 자란 것이다. 그렇기에 암 진단을 받고 지금 당장 수술

받지 않아도 죽는 것도 아니다. 지금도 천천히 자라고 있거나 멈춰 있는 것이다. 급할 것이 없다는 것을 말하고 싶은 것이다. 몇 기 진단을 받았더라도 당신이 큰 병원에서 수술을 받으려면 최소 몇 달을 대기해야 할 것이다. 수술 받을 사람이 넘쳐나고 있다는 것이다. 어차피 기다려야 한다면 다음 생활습관을 몇 달 동안만이라도 실천해 보자.

1. 식생활과 환경을 바꾸어 보자
2. 운동을 하자.
3. 마음가짐을 긍정으로 바꾸고 주변 사람과 어울려 수다를 떨어 보자.

이 3가지를 실천한 후에 다시 한번 사진을 찍어 얼마나 자랐는지 보자.

식생활에서 반드시 지켜야 할 것은 저녁 6시 이후에는 아무것도 먹어서는 안 된다는 것이다. 즉, 밤에 장을 쉬게 해야 한다는 것이다. 당신만 쉬어서는 안 된다. 음식을 먹을 때 엄청난 에너지를 소비한다. 그렇기 때문에 저녁에 금식을 해야 몸이 쉬면서 자연치유가 시작된다. 채식 위주의 식단을 하고, 공기 좋은 곳으로 삶의 자리를 옮긴다. 보폭을 넓게 해서 걷거나 뛰기 운동을 하고, 호흡력을 증가시키는 호흡을 하고, 긍정적인 마인드로 주변 사람과 어울리며 생활

했다면 암은 더 이상 자라지 않고 멈춰 있거나 줄어들 것이다. 한번 시도해 보자. 더 이상 진행하지 않는다면 당신을 성공이다. 비싸고 고통스러운 수술을 뒤로 미루고 더 실천해 보자. 그리고 또 3개월을 보내 보자. 그렇게 암과 같이 가는 것이다. 고액의 수술비로 재산을 다 탕진하면 젊은 시절 힘들게 벌어 모아 놓았던 당신의 수고는 헛되고 만다.

암 판정을 받았지만 고통이 없다면 말기 암에 걸려도 쉽게 죽지 않는다. 사람은 그렇게 쉽게 죽지 않는다. 여러분은 선택을 해야 한다. 수술을 통해 암 덩어리를 제거한다고 해서 암이 다 사라진 건 아니다. 암세포는 어디선가 또 복제하고 있을 것이다. 위암수술해서 제거했더니 몇 년 후 대장에서 암이 발생했다면 전이라고 하는데 전이가 아니다. 처음부터 암세포를 다 제거한 것이 아니라 덩어리만 떼어 냈을 뿐이다. 나머지 암세포를 제거하기 위해 항암치료를 받는다는 것은 암세포와 정상세포가 자멸하겠다는 것이다. 같이 죽는 길을 선택해서는 안 된다. 암세포를 다 제거하는 방법은 면역세포를 강하게 만드는 방법밖에 없다. 필자는 수술이 필요하지 않다는 뜻은 아니다. 수술해서 오래 사는 사람도 많다. 의학박사나 교수가 필자보다 훨씬 전문가이니 그들의 판단을 무시하고 싶지는 않다. 수술하기 전에 몸의 자연치유력을 한번 시도해 보자는 것이다. 결정은 당신이 하는 것이다.

병원이 정말 당신의 병에 최선일까?

의대를 나와 인턴을 거쳐 의사로 가는 과정에 선서하는 것이 있다. 히포크라테스 선서이다. 내용을 보면 고대 그리스 의사인 히포크라테스가 살았던 시대의 의사 윤리에 대한 가장 오래된 서약문이다. 이 선서는 의사들이 환자의 건강과 안녕을 최우선으로 생각하며, 진료 과정에서 불법적, 부당한 일을 하지 않도록 맹세하는 것이다. 이 선서를 마음에 새기고 지키는 의사가 얼마나 있을지 스스로 생각해 보라. 대부분 건강과 안녕보다 돈이 최우선일 것이다. 그렇다고 그들을 욕할 것도 아니다. 그렇게 해야 병원이 유지될 수 있기 때문이다. 하지만 얼마나 많은 의료사고와 밝혀지지 않은 의료비 지출이 있을지 의문이다. 수술할 필요가 굳이 없는데도 수술을 유도한다. 그렇게 해서 살면 다행인데 실패하는 경우도 많다.

지인이 대학병원 간호사로 근무한 적이 있는데 이런 이야기를 필자에게 고백했다. 다 죽어 가는 사람이 나아서 나가는 사람이 있는가 하면 멀쩡한 사람이 치료받다가 죽어서 가는 경우도 가끔 있다고 했다. 과잉수술로 죽는 사례가 많다는 것이다. 그렇다면 당신은 큰돈을 지불하며 과잉치료나 과잉수술까지 가야 할지, 고가의 방사선 검사를 해야 할지 잘 생각해 보아야 한다. 조금만 아프면 병원을 달려가는 습관을 가지면 과잉수술의 대상이 될 수 있다. 외과적인 것은 눈에 보이니 바로 치료해야 하지만 그 외에는 민감할 필요가 없다. 자꾸 아프다고 생각하면 병이 없어도 병이 생긴다. 병원은 어떻

속이는 기술

게든 당신의 아픈 곳을 하나라도 찾아낼 것이다.

사람은 나이가 들어 가며 몸이 조금씩 고장 나기 시작한다. 나이가 들면서 생기는 당이나 고혈압, 콜레스테롤 등의 문제가 발생한다. 그리고 검진을 받으면 수치가 변한다. 그러면 당신의 몸에 문제가 있다고 판단하는 수치는 누가 정하는 걸까? 당뇨 혈당치 기준이 126이고, 고혈압이 140이고, 콜레스테롤이 200이라는 수치를 누가 정하는 걸까? 그 수치에 의하여 당신은 병이 있다, 없다가 판결 난다. 그 수치 이상으로 올라가면 병원은 치료를 시작할 것이다. 우리는 나이가 들면서 이런 수치들이 높아질 수밖에 없다. 자연스런 노화과정인데 그걸 돈을 써서 막으려 한다. 과잉치료다.

예전에는 당뇨가 거의 없었다. 세상이 좋아져 너무 잘 먹어서 생기는 병이다. 그러면 적당히 먹고 운동하면 된다. 나이가 들면 혈압이 높아지는 것이 당연하다. 혈관이 노화되어 길이 좁아지기 때문이다. 예전에는 고혈압 기준이 160이었다. 160 이상이면 고혈압 약을 먹어야 했다. 지금은 140 이상 되면 약을 먹으라고 의사는 말한다. 누가 이득을 보는가? 제약사가 엄청난 이득을 보는 것이다. 혈압이 조금 높다고 살아가는 데 아무런 지장이 없다. 당장 약을 끊어 보면 알 것이다. 콜레스테롤 수치가 높다고 약을 먹어서 낮추면 수치만 낮아진 것이다. 그것이 당신의 수명을 연장시키지는 않는다. 통계적으로 콜레스테롤 수치가 높은 사람이 더 오래 산다. 수치에 민감해지지 말아야 한다.

예전에 필자가 명절에 시골에 가면 70세 이상 되는 분이 많이 계셨다. 인사를 하며 건강하신지 물어보면 이곳저곳이 아프다고 말하곤 했다. 그럼에도 농사일도 하고, 가축도 키우고 바쁘게 움직이셨다. 건강검진 받으셨냐고 물었더니 이렇게 말씀하셨다. 검진을 받으면 분명히 어떤 병이 발견될 거라고 했다. 당뇨는 기본이고 고혈압 크게는 암이 있을지도 모른다고 했다. 하지만 지금 조금 불편하지만 생활하는 데는 크게 지장 없으니 이렇게 살다가 죽고 싶다고 말했다. 자신의 나이에 병을 발견해 수많은 약을 먹고 수술과 싸우고 싶지는 않다고 했다. 그럼에도 그 어르신은 90세 가까이 사셨다.

수치 값에 의하여 당신의 돈을 지불하는 기준으로 판단할 필요 없다.

건강에 도움을 주는 진정한 식품은 무엇일까?

결론부터 말하자면 가공하는 모든 식품은 열처리하는 과정에서 그 성분을 대부분 잃는다고 생각하면 된다. 성분을 잃는다는 것은 효능이 거의 사라진다는 것이다. 열처리 없이 오랫동안 먹을 수 있도록 가공하기는 어렵다. 간단한 예로 예전에 인기를 끌었던 심해 상어간으로 그리고 갑각류 껍질로 만든 영양제를 지금도 먹고 있는지 생각해 보라. 효능이 좋다면 지금도 잘 팔려야 하지만 그렇지 않다. 대부분의 사람들 머릿속에서 잊혀져 있다. 왜 사람들에게 인기가 시들해질까? 효능이 나타나지 않기 때문이다. 바람잡이 몇 사람이 먹고 몸이 나았다는 사례를 듣고 몸이 약해진 당신의 생각을 훔

치기 때문에 구매 버튼을 누르는 것이다. 나이가 들수록 이곳저곳 아픈 당신은 몸에 좋다면 금세 홀리고 만다. 어떤 좋은 성분이 들어 있다고 말하는 모든 가공식품은 당신을 혹하게 만들 것이다. 필자도 이것저것 사서 먹어 보았지만 끝까지 먹은 보조식품은 한 번도 없었다. 조금 먹다가 효능이 없으니 방치되고 만다. 몸 어느 곳에 좋다고 하는 말을 조심해야 한다. 아주 미세하게 들어 있는 효능에 돈을 지불해서는 안 된다. 수백 가지가 넘는 건강보조식품은 당신을 유혹하고 있다. 문제는 아주 작은 효능을 보기 위하여 당신의 간은 죽어라 일해야 한다는 것이다. 화학 처리된 식품이나 약제들은 간에서 해독하는 과정이 필요하다.

필자의 지인 중에 한 명이 건강 염려증으로 언제나 보약과 보조식품을 달고 살았다. 어느 날 머리가 하얗게 새고 간에 무리가 와서 병원 신세를 지었다. 수없이 많은 건강보조식품에 들어 있는 성분은 우리가 먹는 음식에 다 들어 있다. 그것도 가공하지 않은 아주 신선한 상태로 말이다. 신선한 채소나 과일 그리고 잡곡류와 견과류에 다 들어 있다. 생각해 보면 예전에는 건강에 좋다는 그 어떤 것도 먹지 않았던 시대가 있었다. 필자의 어린 시절도 그랬다. 그렇지만 살아가는 데 건강적으로 아무런 문제가 없었다. 바닷가에 사는 사람은 물고기에 들어 있는 성분을 쉽게 먹을 수 있었지만 지금처럼 교통이 발달하지 않았던 내륙의 사람들은 물고기를 먹을 기회가 거의 없었다. 그러면 내륙에 사는 사람들의 건강에 문제가 많았을까? 전혀 그렇지 않았다. 세상은 어느 곳에 살든 다 적응하고 살게 되어 있다. 그냥 하루 세끼 밥을 골고루 잘 챙겨 먹는 것이 최고의 보약이다. 그러면 가끔 예전 사람들은 건강이 안 좋아서 수명이 짧은 거라고 어떤 이들은 따질지도 모른다. 하지만 그 당시에는 대부분 직업이 농사였고, 농사는 하루 종일 해 아래서 수고하여 하는 일이었기에 노화가 빨리 올 수밖에 없었다. 그래서 수명이 짧았고, 양반들은 흰 쌀밥만 먹고 운동을 전혀 안 하니 일찍 죽을 수밖에 없는 구조였다. 필자는 말하고 싶다. 몸에 좋다는 가공식품을 먹는 것보다 당신의 오장육부를 쉬게 하는 것이 수천 배 건강에 도움을 준다.

요양원이나 병원 중환자실에서의 노후가 최선일까?

요양보호시설에서 노후를 맞이하고 죽으면 모아 둔 재산을 다 잃어버리고 자녀들의 재산까지 쪼그라들게 할 수도 있다.

어느 정도 재산을 모아서 시설 좋고 서비스 좋은 요양시설로 가고 싶어하는 사람이 많을 것이다. 그리고 자랑스럽게 이야기한다. 자기가 들어간 시설의 서비스가 얼마나 좋은지 감탄한다. 식사는 삼시세끼 호텔 뷔페처럼 나오고, 지루하지 않는 오락시설과 담당간호사까지 딸려 있어 언제나 건강을 체크하며 공기 좋은 곳에서 산책을 하며 노후를 보낸다. 이 정도 시설이면 수억대 실버자금이 들어간다. 물론 자신이 힘들게 살아온 젊은 시절의 보상일 수도 있다.

속이는 기술

하지만 필자는 요양시설이나 병원에서의 노후를 반대하는 사람 중의 한 사람이다. 모든 것을 다 챙겨 주고 편리한 시설이 결코 건강하게 장수하는 비결이 아니다. 혼자 또는 부부가 밥을 챙겨 먹고 움직일 수 있는 한 움직여야 건강이 지켜진다.

필자는 부모님이 원하기도 하고 필자가 사는 아파트에 사는 것을 원치 않아서 요양원에 보냈다. 그 당시는 요양원은 비용이 꽤 부담스러웠고, 정부지원이 적어서 3형제가 요양원비를 분담해야 했다. 건강했던 엄마는 요양원으로 가면서 몸이 쇠약해지기 시작했다. 특별한 원인도 없는데 항상 기운이 없어 했다. 요양원에 가기 전에는 의무적인 일이 많았다. 돈 관리도 해야 하니 생각이 필요하고, 개 밥도 주어야 하니 아침에 움직여야 했고, 청소나 빨래도 해야 하고, 겨울에는 눈도 쓸어야 했다. 명절 때마다 집에서 담근 고추장이나 된장을 자녀들에게 퍼 주기 위해 매년 김장도 해야 했고, 메주도 쒀야 했다. 조금 아파도 꼭 해야만 하는 일들이 있었다. 하지만 요양원에서는 이런 의무적인 일들이 필요 없어졌다. 그러니 생각이 죽고, 몸이 죽는 것이었다. 가끔씩 찾아오는 자식들을 그리워하며 기다리는 요양원의 삶을 20년 동안이나 사시다가 돌아가셨다. 돌이켜보면 그때 요양원에 보낸 것이 후회된다.

필자는 얼마 전 일본 여행 중에 80세 정도의 노인들이 삶의 일터 곳곳에 자리 잡고 있는 것을 보고 많이 놀랐다. 시장에서 커피 볶는 할아버지와 택시기사를 하고 계시는 할아버지와 대화를 나누었는데 얼굴은 분명히 할아버지인데 말은 조금도 어눌하지 않고 행동도 무척 민첩했다. 자신감 넘치는 얼굴에 미소를 잃지 않았다. 일본은 건강하게 노동할 수 있는 나이가 80까지고 한국은 65세까지라고 함께 간 가이드가 말해 주었다. 즉 수명은 비슷한데 즐겁게 노동하는 시간은 15년 차이가 나는 것이다. 물질과 돈을 떠나서 건강하게 일이 있다는 것은 행복한 것이다. 인간은 움직이고 생각해야 살아가는 동물이다. 평상시 살아오던 삶을 죽는 날까지 하는 것이 행복한 삶이다. 죽는 날까지 끊임없이 공부하고, 일하고, 생각하며 살겠다는 마음가짐을 굳세게 가져야 한다. 산소호흡기 꽂고 병원시설에 연명하지 말고, 그냥 순리대로 자연스럽게 살다가 죽는 것이 최고의 노후다. 악착같이 벌어서 노후에 요양시설 같은 곳에서 편히 살려고 하지 말고, 노후까지 자신의 일을 갖는다면 수억을 모아 놓아야 하는 부담을 갖지 않아도 된다. 당신이 노후에도 건강하다면 재산을 잃어버릴 일이 없다. 그리고 돈 때문에 자녀들의 눈치를 보지 않아도 된다. 선택은 당신에게 있다.

속이는 기술

우리에게 제일 좋은 건강보험은 운동이다.

호흡이 가쁘도록 달린다면 당신의 심장은

그 어떤 의료장비보다도 더 정확하게

당신 몸을 스캔할 것이다.

물론 자동스캔+자동치료까지.

보험을 꼭 들어야 하는가?

10년 주기로 보험을 해지하여 당신의 자산을 쪼그라들게 해서는 안 된다.

우리가 보험을 들고 5년에서 10년 정도만 유지하면 기존 보험과는 전혀 다른 보험이 나온다. 보장이 더 큰 보험상품이 출시되어 기존 보험상품은 갑자기 중고물품처럼 초라해진다. 물가도 상승하고 돈의 가치는 하락하여 기존에 가입한 보험상품의 보장은 너무 작아진 느낌이 든다. 게다가 새로운 의술과 치료법은 기존 보험으로 혜택을 받을 수 없는 것들이 많다. 예를 들어 요즘 많이 치료하는 표적항암제는 기존 보험상품에는 없고, 최근 출시되는 보험상품에만 있다. 병만 나으면 무엇이든 못 할까? 하지만 표적항암제는 고가다. 결국 당신은 기존 보험을 해약하고 새로운 보험을 들어야 하는 일이 발생한다. 보험 갈아타기다. 보험설계사는 새로운 보험을 갈아타도록 유도할 것이다. 설계사의 가장 큰 실적이다. 기존 보험을 해약하면 그동안 부어 놓은 돈은 거의 받지 못한다. 중간에 해약했기 때문이다. 그리고 새로운 상품은 기존 보험료보다 훨씬 비싸다. 물가상승도 있지만 여러분의 나이가 그만큼 많아졌기 때문이다. 보험사는 우리가 해약하는 돈으로 먹고 산다고 해도 틀린 말이 아닐 것이다. 몇 년 전 통계에 의하면 해약률이 70% 정도라고 하니 엄청난 수익이다. 4인

가족 평균 보험료는 50만 원 정도라고 가정하면 10년을 부으면 6천만 원이 된다. 여기서 해약하면 500에서 천만 원 정도만 돌려받게 된다. 그동안 병원비로 보험금은 얼마나 탔을까? 아마도 천만 원 이상 받은 가정은 거의 없을 것이다.

지금 이 책을 읽는 자신의 가정을 뒤돌아보라. 그동안 보험금을 얼마나 수령했는지…. 아무리 아파도 백만 원 단위는 드물 것이다. 왜냐하면 국가의료보험공단이 거의 대부분 여러분의 의료비를 내주고 있기 때문이다. 그렇다면 고액을 준다는 암 진단비는 어떨까? 주변에서 암 진단받고 고액을 받은 사람을 거의 본 적이 없다. 보험사는 상품을 팔 때 최고액만 이야기한다. 우리는 그 돈을 받을 것처럼 상상을 한다. 하지만 직접 암에 걸려 보험금을 청구하여 보라. 결코 쉽지가 않다는 것을 알게 될 것이다. 왜냐하면 여러분이 두꺼운 보험상품설명서를 읽어 볼 리 없기 때문이고, 읽어도 무슨 내용인지 모르기 때문이다. 예를 들어 어떤 암에 걸렸다고 가정하면 가입자는 바로 돈을 받겠지 생각하지만, 보험상품설명서에는 그 암이 세분화되어 있다. 여러분은 위암이면 위암이라고 생각하지만 위암의 병명 코드를 보면 여러 가지로 세분화된다. 그중에서 보험지급이 안 되는 코드가 많다는 것을 그때서야 알 것이다. 모든 암에 고액의 진단비를 주겠다는 곳이 있으면 찾아보라. 없을 것이다. 그럼 통계를 보자. 암 보험금 지급 10건 중 9건이 분쟁 중이다. 무슨 뜻이냐면 암 보험금 10건 중 9건은 보험사에서 지급을 미루고 소송 및 재판 중이라는 것이다. 보험사는 보험전문가들로 구성된 변호사를 자체적으로 두고 지급하지 않을 방법을 연구한다. 우리가 이길 수 있을까?

당신은 보험을 갈아타면서 큰돈을 잃어버린다는 것을 간과해서는 안 된다. 통계적으로 우리가 살면서 큰 재해를 입거나, 큰 질병에 걸릴 확률은 전체 인구 중에 3%도 안 된다. 매일 뉴스에서 사건, 사고를 이야기하지만 전체 인구로 보았을 때 그 정도 사고는 아주 작은 수에 속한다. 그렇다면 3%에 들지도 모른다는 생각에 고액의 보험료를 납입해야 하는지 생각해 봐야 한다.

필자는 지금까지 살면서 3번 정도 보험 갈아타기를 했다. 수천만 원의 돈이 보험사로 넘어갔다. 그동안 여러 번 사고도 있었고, 질병으로 병원을 다녔지만 병원비를 다 합해도 500만 원이 되지 않는다. 그동안 부은 돈은 6천만 원이 넘는다. 해약환급금은 몇백만 원밖에 받지 못했다.

국가의료보험의 혜택은 선진국으로 갈수록 범위가 넓어진다. 혜택이 커진다는 이야기다. 암에 걸려 치료를 받아도 90% 이상 국가에서 치료비를 보상해 준다. 어떤 재해도 상대방 보험사에서 거의 지급해 준다. 그렇다면 보험상품에 가입하여 세월이 지난 후 보험료를 날리는 것보다 같은 금액 적금을 들어 보자. 10년이 지나 5천만 원 이상이 적금 통장에 쌓일 것이다. 병원에 갈 일 있으면 이 돈으로 지급해 보자. 그리고 남은 금액을 산출해 보자. 분명 손익비가

속이는 기술

큰돈이 여러분 통장에 아직도 남아 있을 것이다. 그리고 20년이 지나면 억대의 돈이 통장에 들어 있을 것이다. 우리가 살면서 수천만 원이 들어가는 병원비는 거의 없다는 것을 알게 될 것이다. 내가 희귀병에 걸릴 확률을 계산해서 보험을 든다면 너무 낮은 확률에 돈을 투자한다는 것과 같다. 희귀병은 보험이 안 되니 보험사에서 보장도 못 받는다.

세상의 올바른 지식과 가치관과 인내와
자기절제를 습득한 자녀에게 재산을 물려주자.
노인이 된 당신을 방관하지 않을 것이다.

상속을 미리미리 준비하자

상속을 미리 준비하지 않아 엄청난 상속세로 자산이 쪼그라들게 해서는 안 된다.

당신의 한 달 총 수입이 360만이라고 가정하자. 당신은 신앙이 있어 헌금을 해야 한다. 60만 원 갑근세 및 연금, 보험료를 제하고 실수령액은 300만 원쯤이라고 가정하자. 300만 원에 30만 원 십일조하고 남은 270만 원 중 200만 원은 아내에게 주고 10만 원씩 두 자녀에게 용돈으로 20만 원을 주었다. 그런데 아내는 받은 200만 원 중에 20만 원을 또 십일조 한다. 자녀들은 만 원씩 또 십일조 한다. 총 십일조는 30만 원, 20만 원, 2만 원 해서 52만 원이 되었다. 정상적인 십일조라고 당신은 생각하는가? 상속세에 갑자기 십일조 이야기를 하는지 궁금해하겠지만 우리나라 증여세와 상속세가 위와 같은 십일조 원리다.

평생 아버지가 모은 재산이 대도시의 집 한 채라고 한다면 평균 10억 원일 것이다. 떳떳이 세금을 내며 모은 집이다. 아버지가 당신에게 집을 물려줄 때 상속세로 3억에서 4억을 내야 한다. 당신은 대출을 받아서 상속세를 낼 것이다. 그리고 몇 년도 못 살고 갑자기 당신이 세상을 떠나야 한다면 자녀에게 집을 물려주어야 하는데 집값이 올랐다면 다시 세금을 내야 한다. OECD국가를 비교하면 우리나라만 유독 심하다. 상속세가 아예 없거나 있더라도 약하다. 더 심한 건 기업은 상속세가 50% 정도 된다. 당신이 기업을 세운다면 3대를 가기 힘들 것이다. 대부분의 선진국은 그 기업을 자손이 그대로 이어 유지하면 상속세가 없다. 정당하게 세금을 내고 번 돈을 본인 마음대로 사용할 수 있다는 것이다. 하지만 우리나라는 내가 정당한 세금을 내고 번 돈을 내가 마음대로 사용할 수 없다는 것이다. '소득이 있는 곳에 세금이 있다'는 법을 들이대지만 모순이 많다. 예를 들어 주식투자를 해서 손실이 나도 세금을 떼어 간다. 소득이 없어도 가져간다. 그때는 말을 바꾸어 거래세라고 한다.

이러한 이유로 소득세를 피해 가기 위해 온갖 부정을 감행한다. 왜냐하면 부모가 자식에게 재산을 물려주려는 마음은 인간의 본능이다. 핏줄 때문이다. 본능을 막으면 어떻게든 본능을 유지하려는 것이 인간의 마음이다. 그래서 기업들은 거액을 주고라도 세법에 능한 변호사를 고용한다. 법을 어기지 않는 범위 내에서 세금을 피해 가는 방법을 연구한다. 그렇다면 전 재산 다 처분해야 몇 억이 될까 말까 하는 당신은 세금을 피하기 위해 방법을 모색해야 한다. 법을 어기지 않는 범위 내에서 세금을 줄이는 방법은 많이 있다. 그 방법을 필자도 다 알 수는 없지만 부동산법을 상담하거나 공부를 해야 한다.

개인적으로 필자도 부모의 본능적인 마음으로 자녀들에게 재산을 물려주고 싶다. 혼자 사회에 진출할 때 한 푼도 없이 시작했던 너무 힘든 기억이 남아 있기 때문이다. 독서실에서 월세로, 월세에서 전세로 그리고 집을 얻기까지 20년이 훌쩍 넘어 버렸다. 처음에 큰돈은 아니더라도 전세로 시작했다면 10년을 앞당겼을 것이다. 얼마 되지 않지만 그렇게 모은 재산을 갑작스레 자식에게 물려주려면 소득세 때문에 자녀가 포기하게 될 수도 있다. 소득세를 내지 못해 부모 재산을 포기하는 자녀도 많을 것이다. 지인들 중에서도 갑작스런 부모의 죽음에 유산으로 산이 있었는데 급매로 팔자니 너무 헐값이고 상속을 받자니 수익을 내야 해서 고민하다가 형제들끼리 상속세를 나누어 내기로 하고 당장 현금이 없으니 다들 대출을 받아서 냈다고 했다. 여러분도 알다시피 기업들이 거액의 상속세를 분할로 몇 년 동안 내고 있는 것을 언론에서 쉽게 볼 수 있을 것이다.

어떤 부모는 죽을 때까지 재산을 자녀에게 주지 말아야 효도한다고 하는데 그건 틀린 말이다. 그렇게 쥐고 있다가 어느 날 갑작스레 죽는다면 막대한 세금을 준비해야 할 것이다. 부모가 살아 있고 자녀가 어릴 때부터 상속을 천천히 해야 세금도 적고 상속세도 많이 줄일 수 있다. 그렇게 미리미리 세금을 줄여 상속을 해 주었는데 자녀들이 무관심하다면 잘못 가르친 것으로 생각하고 맘 편히 포기하자. 하지만 대부분의 자녀들은 부모를 외면하지 않을 것이라 생각한다.

어쨌든 당신은 자녀를 사랑하는 본능적인 상속을 조금씩 미리미리 해서 힘들게 번 재산을 상속세로 다 잃어버리지 않길 바란다.

인생에서 속지 않는
마음가짐

생각의 꽃

이미와 아직을 잘 판단하자.

이미 놓친 것은 미련을 버리고 쫒아가려 하지 말고,

아직 돈을 보내지 않았다면 다시 한번 생각해 보자.

부자의 길로 가는 방법은 생각보다 쉽다. 계단을 올라가듯 단계를 밟는 것이다. 이 방법을 벗어나는 방법은 엄청난 위험이 따를 것이다.

소외감에서 벗어나자

시선속에 사는 울프기는 모두 죽을 것이다.
시선밖에서 나와도 죽을것이다.

시선

낯선 여행지를 가서 먹고 싶은 음식점을 찾아 이리저리 차를 끌고

헤맸던 기억이 있을 것이다. 겨우 음식점을 찾아서 배불리 먹고 음식값을 치루고 나오면 같은 종류의 음식점이 여기저기 잘도 보이는 경우를 경험하곤 한다. 중고거래 사이트에서 찾고자 하는 물건을 검색하고 물건을 찾게 되면 다른 사람이 사 갈까 봐 마음이 조급해져 빨리 거래를 하게 된다. 그런데 신기하게도 물건을 구입하고 다시 검색해 보면 더 싸고 좋은 같은 물건이 보인다는 것이다. 홈쇼핑 중에 상품 수량도 시간도 얼마 남지 않았다고 호스트가 말하면 우리는 마음이 조급해지고 나만 못 사는 바보가 될 것 같아 충동구매를 하게 된다. 구매 버튼을 누르고 카드결제를 한 후 안도의 한숨을 내쉬게 된다. 그리고 나서 인터넷에 검색해 보면 물건은 넘쳐나고 더 싸게 파는 곳도 많다는 것을 알게 된다. 이것을 통해서 알 수 있는 것은 우리는 물심이 탐욕이 되는 순간 눈에 뭔가 씐다는 것이다. 안 보인다는 뜻이다. 안 보이는데 걸어가면 부딪히게 되어 있다. 안 보이는데 뭘 하든 실수하게 되어 있다. 눈에 씐 안경은 하나만 보게 만든다. 그것이 내 손에 들어올 때까지 그 안경은 벗겨지지 않는다.

주식시장에 발을 절대 담그지 않겠다던 사람이 주식시장에 뛰어드는 경우는 대부분 벼락그지의 원리 때문이다. '벼락그지'란 자신은 가만 있는데 옆에 사람들이 부자가 되어 자랑을 하는데 자기만 멍하니 그지가 된 느낌의 신조어이다. 대상승장이 오면 주식에 투자한 사람은 어떤 매매법을 써도 돈을 번다. 자기 실력이 아니다. 그냥 시장이 돈을 벌어 주는 것이다. 친구가 회사동료가 친척이 지인이 돈을 벌었다는 이야기를 매일 듣다 보면 자기만 소외감 들고 최저임금을 벌기 위해 출근해야 하는 자신이 비참해지는 순간 자기도 모르게 투자에 손을 댄다.

인간은 사회적으로 소외감에 무척 약하다. 연예인들이 인기를 먹고 살다가 인기가 떨어져 소외되면 우울감이나 자살까지 가듯, 보통 사람도 주변에서 소외되면 같은 마음이다. 그래서 인간은 동호회나 모임을 자꾸 만드는 것 같다. 어울려서 어디에라도 소속이 되어야만 견딜 수 있는 사회적 동물이다. 그렇지 않으면 요즘 세상과 문 닫고 사는 집안에서 나오지도 않고 스스로 갇혀 사는 사람이 되고 만다.

지인 중에 아들이 20대 청년인데 방 안에서 나오지도 않고 방투한 지 일 년이 넘은 아들을 보며 탄식하는 모습을 본 적이 있다. 필자가 방문하였을 때 방 밖에는 빈 택배상자만 가득하였다. 컴퓨터와 결혼해서 사는 사람 같았다. 부모가 명문대 나왔으니 자녀도 그래야 하는 것처럼 최선을 다해 공부를 가르쳤다고 했다. 그냥 자유롭게 키울걸 하며 후회했다. 공부는 잘했지만 사회에 적응하지 못하는 정신적인 문제를 가지고 살고 있다. 결국 가정자산이 쪼그라들어 시골에 있는 작은 집으로 월세 들어 아들과 살고 있다. 이처럼 대학까지 가르쳤는데 부모가 어른이 된 아들을 또 먹여 살려야 하는 것은 가정적으로 엄청난 손해가 될 것이다.

돈이 없지 물건은 언제나 있다

속이려고 하는 사람은 언제나 물건이 얼마 남지 않았다고 말한다. 거짓말이다. 당신이 어떤 물건을 만드는 기업의 사장이라고 가정해 보자. 주문이 들어오면 야근을 해서라도 주문품을 만들려고 할 것이다. 그게 다 수익이기 때문이다. 안 만들 이유가 없다. 돈만 준다면 언제든 감사히 만들 것이다. 그러므로 물건이 얼마 남지 않았다는 말에 속아서는 안 된다. 포털사이트 검색을 해 보고 주문해도 늦지 않는다. 당신이 찾는 물건은 언제나 넘쳐나게 있다.

한 템포 느리게 행동하자

우리는 마음과 생각의 판단이 서지 않을 때, 무언가에 홀린 것 같을 때 무조건 그 자리를 떠나야 한다. 이 말은 꽤 중요한 의미를 지니고 있다. 전진해야 할 때가 있고, 뒤로 물러서야 할 때가 있다. 당신은 살면서 분위기가 싸하다는 느낌을 느낀 적이 있을 것이다. 그 자리를 무조건 피해야 한다. 당신이 누군가에게 속을 때 무언가 분위기가 이상하다는 것을 조금은 느낄 것이다. 그건 문제가 있다는 것이다. 한 템포 뒤로 물러나듯이 그 자리를 피하는 게 최선이다. 이유를 파헤칠 필요는 없다. 그냥 피하는 습관을 몸에 가져야 한다.

속이는 기술

지금 구매버튼에 손이 가기 전에 찜해 놓고 다음으로 미루어 보자. 분명히 살 이유가 없는 경우가 많을 것이다. 계약도 마찬가지다. 무언가 이상하면, 조건이 이상하면 다시 생각해 보아야 한다. 그건 뒤로 미루는 것이다.

그럼에도 불구하고 전 재산을 날렸을 때 어떻게 해야 할까?

그럼에도 불구하고 사기를 당했습니까?

도박에서 돈을 날렸습니까?

투자에 실패하여 깡통을 찼습니까?

자산이 쪼그라들면 먹고살기 위해 대출을 받는다. 제1금융권에서는 당연히 대출이 있을 것이고, 추가 대출이 안 되면 제2금융권으로 그리고 카드사의 카드론, 캐피탈 등의 돈을 빌린다. 신용에 따라 다르겠지만 캐피탈마저 대출이 안 될 때가 있다. 그럼 형제자매에게 손을 벌리지만 쉽지가 않다. 왜냐하면 그들도 다 대출을 끼고 있는 채무자들이기 때문이다. 마지막으로 사채까지 사용하는 사람들이 있다. 거의 상환 불가능이다.

어떤 사유로든 전 재산을 잃고 빚이 많다면 사채에 가기 전에 파산 신고를 하는 게 최선이다. 파산 신고를 하게 되면 국가가 개입한다. 파산 신고를 했다고 해서 당신 가정에 협박을 한다거나, 모욕을 하는 그런 일은 없다. 다만 신용이 바닥이고, 법정에서 판사에게 판결을 받는 수치가 조금 있을 것이다. 그것도 잠깐이다. 하도 많아서 판결하기도 바쁜 판사이다. 일부러 큰돈을 해 먹는 의도가 아니라면 경제사범처럼 중형이 선고되는 일은 거의 없다. 판결은 아마도 두 가지 안에 들 것이다. '벌어서 갚으세요!' 아니면 금액이 크다면 길어 봐야 몇 개월 1, 2년 안으로 징역이 선고될 것이다. 하지만 전자일 경우가 많다. 왜냐하면 단돈 얼마라도 벌어야 생활비 제하고 돈을 갚을 수 있기 때문이다. 물론 최저생활비 제하고 월급이 압류 조치되겠지만⋯. 그리고 자녀가 있고, 부양할 부모가 있다면 감옥행 판결은 잘 내려 주지 않는다.

어찌되었든 판결이 나면 더 이상 독촉은 없다. 마음 편한 것이다. 전 재산을 잃고 감옥에 있더라도 굶지는 않는다. 중노동도 없다. 오히려 책을 읽거나 운동을 하고, 기술을 배울 수 있어서 출소한 후 재기할 준비의 시간이 될 수 있는 기회라고 생각해야 한다. 뻔뻔해져야 한다. 자살할 생각은 꿈에라도 생각해선 안 된다. 어차피 죽을 때 누구라도 빈손으로 간다. 그냥 이 값비싼 공기를 공짜로 마시고 있다는 것에 감사하자. 그러면 반드시 기회는 온다. 언제까지나 빚쟁이로, 언제까지나 감옥 생활로 있지만은 않다는 것을 금세 알게 될 것이다. 다시 속지 않으면 된다. 다시 도박으로 가지 않으면 된다. 시간은 충분하다. 중요하건 마음가짐이고, 이 마음을 지키는 것이다.

인생에서 반드시
성공하는 3가지 방법

꽃들의 습격

우리에게 주어진 최고의 평등은 시간이다.

당신에게 주어진 시간보다 더 일하고,

당신에게 주어진 시간보다 더 노력하자.

반드시 보상이 돌아올 것이다.

끝으로 가정의 재산을 지키고 부자가 되는 방법을 말해 주고 싶다. 필자가 생각한 법칙이 아니라 예전부터 전해 내려오는 성공의 법칙을 정리해 보았다. 중년의 인생이 되어서야 필자도 조금씩 실천해 가고 있는 방법이다. 어떤 회사의 주식을 얼마에 매수하라는 거라든지, 로또번호를 알려 준다든지, 어디 땅을 아파트를 매입하라든지 하는 방법은 성공하는 방법이 아니다. 그렇게 해서 돈을 번다고 해도 오래가지 못한다.

낡아지지 않는 가죽배낭을 만들자

성공할 수 있는 첫 번째 방법은 '나눔'이다. 인생은 자신의 재산을 배낭에 메고 한 걸음, 한 걸음 등산하는 것과 같다. 배낭 안에는 모이는 돈다발이 들어 있고, 인생이 끝날 때까지 평지든 오르막이든 올라가는 여정이다. 그런데 배낭이 헤어진다면 어떻게 될까? 언젠가는 어딘가 터질 것이고, 자기도 모르는 사이에 등에 멘 배낭에서는 돈이 새어 어디론가 흩어져 나갈 것이다. 당신의 재산이 쪼그라드는 것이다. 배낭만 해지지 않았으면 아무 문제가 없다.

우리 인생에서 배낭이 해질 때는 언제일까? 원치도 않게 돈이 빠져나갈 때다. 갑자기 식구들 중 누가 아프거나, 사업에 실패하거나, 사고가 나거나, 사고를 치거나, 사기를 당하거나 하는 일로 돈이 빠져나가 버린다. 당신은 힘들게 번 돈을 생각지도 않는 불행에 빼앗겨 버리는 일을 수없이 겪었을 것이다. 그리고는 자신의 운명을 탓할 것이다. 왜 내게 이런 일이 일어났을까? 밑 빠진 독에 물 붓듯이 열심히 벌기는 하는데 모이지가 않는다. 당신의 배낭이 해져서다. 배낭에서 돈이 빠져나가는 것을 메고 가는 사람은 모른다. 등에 메고 있으므로 보이지 않기 때문이다.

배낭이 낡아지지 않는 방법이 있다. 그건 '나눔'이다. 나눔은 등산하는 사람이 배낭을 어깨에서 내려 배낭을 열어 나누어 주는 것이다. 자신이 확실히 확인하는 돈이며, 나누어 줄 때 배낭을 더 많이 채워지는 원리가 숨어 있다. 어렵고 힘들게 살아가는 이웃에게 나눔을 실천한다면 당신의 배낭은 가죽배낭으로 바뀔 것이고 언제까지나 낡아지지 않고, 해지지 않을 것이다. 당신의 돈다발은 더 이상 빠져나가지 않을 것이다.

주어진 일보다 두 배 이상으로 일하자

두 번째는 누군가 당신에게 주어진 일보다 두 배 이상으로 일을 하는 것이다. 이 말의 뜻은 무슨 일이든 당신에게 주어진 일보다 더 많이 일하라는 것이다. 당신은 직장에서 보수를 받은 만큼만 한다거나 더 적게 일을 한다면 기뻐할 것이다. 대부분의 사람들이 그렇게

속이는 기술

행동하지만 그것은 잘못된 생각이다. 그런 사람은 성공하지 못한다. 대가 없이도, 지금 당장 보상이 없어도 자기 일처럼 진심으로 최선을 다해 일해 보자. 상사가 못마땅하더라도 더 많이 일해야 한다. 상사가 당신에게 월급을 주는 것이 아니고 회사가 당신에게 월급을 준다는 것을 기억해야 한다. 기분대로 일하는 것이 아니라 대가(급여)를 받았다면 그 이상은 일을 해야 한다. 당신이 사장이라면 누구를 승진시키고, 회사가 어렵게 되면 누구부터 자르겠는가? 열심히 성실히 일하는 사람을 끝까지 남게 할 것이다.

대부분의 알바들을 보자. 알바시간 1분만 넘겨도 참지 못하고 안절부절못한다. 그리고 10분이 넘어가면 추가연장수당을 달라고 아우성친다. 그러다가 연장알바비를 못 준다고 하면 당장 그만두거나 말도 없이 출근하지 않는다. 문자로 알바비는 어느 통장으로 입금해 달라는 말만 하고 차단한다. 조금이라도 손해 보는 걸 참지 못한다. 조금만 손해 보아도 분을 이기지 못한다. 사장은 새로운 알바를 또 구해야 한다.

친구 지인의 딸은 커피숍 알바를 했는데 손님이 많으면 알바시간보다 더 일하고, 알바면서도 디저트 빵을 만들어 굽기도 하고, 새로운 디저트를 만들어 손님들에게 팔기도 하여 커피숍 매출이 올라갔다. 사장은 시간만 때우는 알바와는 다르다고 시간당 알바비도 올려 주고 명절 때는 보너스도 주었다. 간단한 일이지만 당신이 주어진 일보다 더 많이 하면 반드시 보상이 돌아온다는 것을 기억하기 바란다.

몇 년 전 필자는 동남아의 가난한 나라로 집 짓기 봉사를 간 적이 있다. 일정은 빡빡하고 인원은 적고 할 일은 많아서 결국 현지인을 고용하여 함께 짓기로 했다. 20명을 고용했는데 일당이 우리나라 돈 만 원 정도로 저렴했다. 기초 터를 닦기 위해 흙을 퍼 나르는 시간이 었다. 현지인들이 삽으로 천천히 퍼서 흙을 나르는데 우리나라의 속 도보다 3배는 느리게 했다. 자기들끼리 속삭이며 눈치를 보며 일했 다. 필자는 전혀 알아들을 수 없었고 덥기도 해서 그런가 했다. 나중 에 안 사실이지만 자기들끼리 짜고 힘들게 일하지 않기로 약속을 했 다는 이야기를 들을 수 있었다. 더 놀라운 것은 점심시간 12시가 되 자 자기가 일하다 서 있는 그 자리에서 삽과 공구를 그대로 놓아버리 고 밥 먹으러 가 버렸다. 그것도 시간이 정지한 것처럼 그 자세 그대 로 손을 펴 버렸다. 삽은 그대로 중력에 순종하듯 땅에 떨어졌다. 여 기저기 공구가 그렇게 땅에 떨어졌다. 필자는 그제서야 이 나라가 왜 못사는지 알 수 있었다. 그들은 절대로 성공할 수 없다. 우리나라는 점심시간이 되어도 공구를 물로 닦고, 공구함에 다 원위치시킨 뒤 밥 먹으러 간다. 작은 차이지만 마인드는 하늘과 땅 차이이다.

오랜 지인 중에 한 사람은 젊은 시절 기술직에 취업해 기술을 배 우기 위해 집에도 가지 않고 공부한 적도 있고, 설비가 고장 나면 집 에 가서도 잠이 오질 않았고, 남보다 더 일찍 출근하고, 남보다 훨씬 늦게 집에 갔다고 말했다. 새로운 기술을 익히기 위해 그리고 설비 로 인해 회사에 손해를 끼치지 않기 위해 열심히 정말 성실히 일해

속이는 기술

왔다고 했다. 그는 언제나 "기술직은 모르면 겁이 나는 직업이다"라고 말했다. 결국 그는 남보다 더 빨리 진급했고, 고액의 연봉자로 인정받게 되었다. 만약 언제나 시간만 때우고, 불평만 늘어놓았다면 벌써 잘렸거나, 스스로 그만두었을 것이다. 이렇듯 성공한 사람들의 일대기를 보면 언제나 더 많이 일했다. 그리고 자기 일처럼 했고, 그렇게 일했다고 불평하지 않았다. 가까이에서 성공한 창업주(부모에게 물려받은 세대가 아닌 처음 회사를 세운 사람들)들의 삶을 보면 금세 알 수 있을 것이다. 잘되는 가게나 식당도 마찬가지다. 그들이 인정받기까지의 과정을 보면 보통 사람들과는 다른 공통된 행동이 있었다. 더 열심히 일하고, 더 노력했으며, 종업원일 때에도 자기 일처럼 일했다.

필자는 군대 가기 전에 건설현장에서 알바를 한 적이 있다. 몸이 힘든 육체노동이었지만 지인의 소개가 있었기에 꾀병 부리지 않고 최선을 다하자는 마음에서 두 배로 일을 했다. 시멘트 포대나 모래를 등에 지고 3층까지 나를 때 필자는 뛰다시피 빨리 다녔다. 점심 식사 시간에도 밥을 빨리 먹고 공구를 정리하거나 씻어 놓았다. 필자와 같이 알바하던 사람들은 필자를 이해하지 못하였고, 멍청하게 일을 한다고 입을 삐죽거리며 바보라고 놀렸다. 그렇게 한 달쯤 지나자 어떤 사람이 내게 와서 필자 같은 사람을 본 적이 없다고 말하며 자기 밑으로 들어오면 기술과 숙식과 필요한 모든 것을 제공하겠다고 했다. 필자는 입대 전이라 어쩔 수 없이 거절했다. 이렇듯 필자가 말하는 방법은 확실하다.

대부분의 사람들이 자신이 좋아하는 일을 하고 싶어 하지만 그런 삶을 사는 사람은 많지가 않다. 지금 당신에게 경제적 자유 즉, 돈을 주는 곳이 당신이 좋아해야 할 일이다. 그곳에서 진심을 최선을 다해 두 배 이상으로 일해 보자. 한 달이면 당신은 성실한 사람으로 인정받을 것이고, 일 년 안에 스카우트 제안이 들어올 것이다. 한번 테스트해 보라. 언제까지나 두 배로 일을 해야 한다면 필자는 이 방법을 권하지 않는다. 그렇게 스카우트되면 당신은 한 단계 위로 올라가 다른 일을 하게 될 것이다. 그리고 또 한 단계 올라서게 될 것이다. 그때는 육체적인 노동이 아니라 관리자의 자리에 앉게 될 것이다.

다시 한번 또 명심하길 바란다. 당신이 받은 보수보다 더 많이 일했다고 해서 억울해하거나 분하게 생각하지 말고 지금 당신이 서 있는 장소에서 당신이 지금 하는 일에 최선을 다해서 일해 보자. 반드시 몇 배로 돌아오고 성공의 자리에 앉게 될 것이고 그 사람들이 세상을 돈을 다 가지고 있다는 것을 기억하길 바란다.

속이는 기술

행운을 내 것으로 끌어오는 방법

마지막으로 A4용지에 미래의 계획을 적어 보자. 성공은 계획(여기에서는 목표, 소원과 같음)이 있어야 이루어진다. 어린 시절 부모님께 용돈보다 큰돈을 받기 위해서는 말로만 대충 이야기해서는 받아내기 어려웠다. 그러나 용지에 계획서를 기록해서 필요한 이유를 말했더니 용돈을 주셨다. 지금의 직장에서도 상부에 말로만 보고 하는 게 아니라 프리젠테이션을 꾸며서 설명해야 상사에게 설득력 있고 허가가 떨어진다. 이렇듯이 당신 삶의 계획을 작성해서 매일 자신에게든 믿는 신에게든 맡겨 보자. 그리고 운(運)을 기다리자. 여기서 필자가 말하는 운은 어느 날 갑자기 찾아오는 로또 같은 행운을 말하는 것이 아니다. 운을 한문으로 풀어 보면 쉽게 이해가 간다. 옮길 운(運)은 쉬엄쉬엄 갈 착(辶) + 덮을 멱(冖) + 수레 차(車)로 조합되어 있다. 풀이해 보면 '우리 인생의 수레에 위를 덮어서 남몰래 비장의 무기를 천천히 만들어 갈 때 운이 찾아온다'는 뜻이다. 여기서 비장의 무기는 자신의 재능을 찾아 자신의 가치를 높이는 것이다. 즉 행운은 아무에게나 오는 것이 아니라 준비된 자에게 오는 것이다. 시간을 낭비하지 말고 목표를 향해서 달려가자. 그렇게 최선을 다해 준비하는 삶을 살다 보면 어느 날 당신의 달란트를 필요로 하는 행운이 찾아오고 당신이 뜻하는 일이 이루어져 있는 자신을 발견하게 될 것이다.

세월이 발전해 가면서 돈을 벌어들이는 방법도 변해 가지만, 지금까지 소개한 세 가지는 방법이 아니라 법칙이다. 세월이 흘러도 변하지 않는 성공의 법칙이다.

결론적으로 첫 번째가 돈을 잃지 않는 방법이고, 두 번째가 성공하는 비결이고 세 번째가 꿈을 실현하는 과정이다. 이런 말은 아무나 할 수 있고, 말장난이라고 생각하는 분이 있을지는 모르지만 이세 가지를 실행해 보고 평가하기 바란다. 그리고 나서 필자에게 야유를 보내도 늦지 않는다.

이런 신실한 삶으로 이루어진다면 대박의 꿈을 좇아 사기를 당할 위험을 감수하며 살아갈 이유가 전혀 없을 것이다. 아무튼 그런 축복이 여러분과 여러분 가정에 있길 바란다.

속이는 기술

에필로그

사람들이 모여 사는 곳이라면 어느 곳이든 수없이 많은 분야에서 사기가 진행되고 있음을 알 수 있습니다. 필자는 이 글을 쓰기 위해 수많은 전문서적과 자료를 준비하다 보니 사기기술이 너무 많아서 기록하기엔 한계를 느꼈습니다. 이토록 많은 사기와 사기꾼이 존재하다니…. 정신이 혼미해질 정도였습니다. 많은 사람들이 양심에 따라 사는 것이 아니라 물질에 따라 살고 있습니다. 모두들 자기 좋을 대로만 행동하고 자기 배만 채우기에 바쁩니다. 이것이 지금 세대의 비유입니다. 가까운 대륙의 이야기를 들어 보면 '속이지 않으면 속는다'는 말이 있을 정도로 사기가 난무하는 세상이 되었습니다. 모든 게 가짜이니 사람들도 가짜가 아닐까 하는 생각도 들었습니다.

"나는 생각한다. 고로 존재한다." 철학자 데카르트의 말입니다. 우리는 정신을 바짝 차리고 세상을 살아야 합니다. 아무 생각 없이 살지 말고, 매일 사색하는 시간을 갖길 바랍니다. 깊이 생각하는 시간을 10분이라도 꼭 가져야 합니다. 생각의 힘은 큽니다. 누가 헛된 철학이나, 헛된 속임수나, 헛된 환상을 보았다거나, 세상의 유치한 이론을 내세워 당신을 노획물로 삼지 않도록 생각을 무장해야 합니다. 사기꾼들이 당신 바로 옆에서 지금도 미끼를 던지고 있습니다. 여러분은 대박을 쫓아 한 번에 몇 계단씩 오르려는 마음을 억제하기 바랍니다. 성공은 한 계단씩 오르는 것입니다. 한 번에 몇 계단을 뛰면 넘어지는 것처럼 인생도 문제가 생기는 경우를 많이 보았습니다. 필자도 대박을 쫓다가 넘어진 적이 많이 있었습니다.

　최근 엔화가 싸져서 일본 여행차 일본어 공부를 시작했습니다. 여러 가지 문장 중에 그들이 많이 사용하는 문장이 기억납니다. "쵸도 캉가에마스(ちょうと 考(かんが)えます: 잠시 생각해 보겠습니다)." 어떤 일을 성사시키기 전에, 어떤 것을 구매하기 전에, 어떤 것을 계약하기 전에 우리는 습관적으로 '잠시 생각해 보겠습니다'라는 말을 잘할 줄 알아야 합니다. 상대는 지금 아니면 물건이 없다고 말하지만, 그런 상술에 속지 말고 다시 한번 생각해 보고, 안 되면 최소한 몇 시간만이라도, 아니 그 장소를 떠나서 생각해 보길 바랍니다. 분명 보이는 게 다를 것입니다. 안 속고 살 순 없지만 큰 것에 속으면 안 되고, 속는 횟수를 줄이길 바랍니다. 아니 속는 일이 절대 없기를 바랍니다. 이 책을 통하여 당신의 인생에서 한 번이라도 속는 것을 막을 수 있었다면 필자에게 고마워하지 말고, 가정을 잘 지키길 간구합니다.

　아울러 누군가 눈물 흘릴 때 위로의 말은 못 해 줄지라도 남을 속여 이득을 취하지 않길 부탁합니다. 남에게 피눈물을 흘리게 해서 행복과 부를 누리는 것은 언젠가는 대가를 치르는 것 같습니다. 차라리 조금 더 못살고, 조금 더 누릴 것을 줄이고, 자식에게 해 주고

　　　　　　　　　속이는 기술

싶은 것을 못 해 줄지라도 남을 속여서 이득을 취하는 사회의 일원이 되어서는 안 됩니다. 이 책을 읽는 독자들만큼이라도 공의로운 사회, 정의가 살아 있는 사회가 되도록 힘써 준다면 너무 감사할 것입니다. 오늘도 파란 하늘을 바라보며 필자는 당신의 신실함을 잊지 않을 것입니다. 필자가 대박을 쫓다가 넘어졌을 때 잠을 못 이루며 쓴 시(詩)가 있습니다. 글을 마치며 '침묵(沈默)'이란 시(詩)를 소개하도록 하겠습니다.

노년의 꿈

침묵(沈默)

지은이: 저자

당신의 인생(人生)이 험난하고 힘들었듯이

당신의 묘비명(墓碑銘)은 할 말이 많을 것입니다.

내일이 되면 후회(後悔)할까 두려워

오늘을 사는 당신은 최선(最先)을 찾아 헤매곤 합니다.

그럼에도 운명(運命)이 바보같이 흘러가는 것을 지켜만 보고 있습니다.

당신이 할 수 있는 건 쓸쓸한 웃음뿐입니다.

그렇게라도 하지 않으면

울고 있는 자신을 용서할 수 없기 때문입니다.

악몽(惡夢)이 잠을 삼켜 버리는 아침이 찾아오곤 합니다.

아무도 당신의 생각을 도둑 맞았다는 걸 알지 못합니다.

이제 당신에게 남은 거라곤

헛된 꿈을 재워 줄

침묵(沈默)밖에 없습니다.

속이는 기술

속이는 기술

생 각 빼 앗 기

ⓒ 박은협, 2024

초판 1쇄 발행 2024년 2월 29일

지은이   박은협
펴낸이   이기봉
편집   좋은땅 편집팀
펴낸곳   도서출판 좋은땅
주소   서울특별시 마포구 양화로12길 26 지월드빌딩 (서교동 395-7)
전화   02)374-8616~7
팩스   02)374-8614
이메일   gworldbook@naver.com
홈페이지 www.g-world.co.kr

ISBN   979-11-388-2811-6 (03320)